Rémy NDONDA KOMBOZI

L'APPEL DU DÉSERT

Rémy NDONDA KOMBOZI

L'APPEL DU DÉSERT

une aventure missionnaire en Mauritanie

Éditions Croix du Salut

Imprint

Any brand names and product names mentioned in this book are subject to trademark, brand or patent protection and are trademarks or registered trademarks of their respective holders. The use of brand names, product names, common names, trade names, product descriptions etc. even without a particular marking in this work is in no way to be construed to mean that such names may be regarded as unrestricted in respect of trademark and brand protection legislation and could thus be used by anyone.

Cover image: www.ingimage.com

Publisher:
Éditions Croix du Salut
is a trademark of
Dodo Books Indian Ocean Ltd. and OmniScriptum S.R.L publishing group

120 High Road, East Finchley, London, N2 9ED, United Kingdom
Str. Armeneasca 28/1, office 1, Chisinau MD-2012, Republic of Moldova, Europe
Managing Directors: Ieva Konstantinova, Victoria Ursu
info@omniscriptum.com

Printed at: see last page
ISBN: 978-620-3-84435-1

Table des matières

PREFACE

Dans cet ouvrage inspirant intitulé "L'Appel du Désert : Une Aventure Missionnaire en Mauritanie", Remy NDONDA nous invite à découvrir la source profonde de sa passion pour la mission. À travers ses mots, il nous présente la rencontre déterminante avec une structure missionnaire qui a su orienter et enrichir cette vocation ardente.

L'auteur met en lumière l'existence de mouvements missionnaires engagés concrètement dans l'œuvre d'évangélisation, dissipant ainsi les préjugés qui entourent souvent la mission dans des contextes musulmans.

Remy NDONDA encourage ses lecteurs à entreprendre des petites expériences de voyages missionnaires. Il souligne que l'image souvent répandue de la mission dans les régions à majorité musulmane est teintée de peur et de méfiance. Par ses réflexions et ses récits, il démontre que ces voyages peuvent offrir aux chrétiens une perspective nouvelle sur la réalité de ces espaces souvent mal compris.

Au-delà de l'idée de transformer les autres, l'auteur partage avec nous un message puissant : lorsque nous répondons à l'appel de Dieu pour aller dans des contrées désertiques et profondément ancrées dans l'islam, il œuvre également en nous, guérissant les blessures intérieures que nous ignorons souvent.

Remy observe également une tendance croissante chez les parents chrétiens à envoyer leurs enfants étudier dans des pays à majorité musulmane. Ce choix, loin d'être anodin, offre une opportunité unique de préparer les jeunes à répondre à l'appel divin d'annoncer l'Évangile tout en poursuivant leurs études.

L'urgence de la mission est d'autant plus pressante aujourd'hui, alors que l'auteur nous rappelle le retour imminent du Christ. Par son témoignage, il nous interpelle sur le sort de milliers d'âmes qui pourraient se retrouver sans espérance si elles n'entendent pas l'Évangile.

Il nous exhorte à sortir de notre zone de confort, à nous engager pour atteindre ceux qui se trouvent éloignés de la grâce divine. Ce défi, bien que grand, est à la mesure des ressources que le Seigneur a imparties à son Église.

Remy NDONDA rêve d'une mobilisation de la jeunesse de son pays, décidé à encourager les jeunes chrétiens à chercher les restes de Dieu parmi les nations non atteintes. Car la jeunesse est synonyme de vigueur, et c'est en eux que réside l'avenir de la mission.

Ainsi, je vous encourage vivement à plonger dans la lecture de ce livre. "L'Appel du Désert" a le potentiel d'éveiller en nous une profonde passion pour la mission et de nous mobiliser pour l'œuvre d'évangélisation.

Révérend Dr SITA LUEMBA Dieudonné
Recteur de l'université de Christ for Africa

AVANT-PROPOS

Dans une ère en pleine lutte où au bout du tunnel la fin de toute chose s'affiche, le diable ne cesse de multiplier les stratégies pour empêcher les âmes de venir vers le Christ, se forçant ainsi de les plonger dans diverses formes de religion pour les aveugler davantage.

Cet effort diabolique est beaucoup plus concentré dans les zones en forte pression démographique. Nous remarquons actuellement que le 70 à 80% des nations non atteintes se situent dans une zone du monde que les spécialistes de la mission appellent la fenêtre 10/40, car, il a été constaté que cet espace se situe entre la dixième et quarantième altitude au nord de l'équateur, une ligne qui divise la terre à deux parties égales.

Dans cette optique, ayant une petite expérience missionnaire, j'ai choisi de participer ainsi à la mobilisation de l'église pour que les efforts missionnaires soient ainsi orientés vers ce grand champ évangélique dominé par l'islam.

Sortir de notre zone de confort pour aller à la recherche des restes de Dieu au milieu des nations est une urgence qui s'impose à la fin de cette ère chrétienne.
Vivant dans une époque où les déplacements deviennent de plus en plus faciles à cause de la globalisation, l'église doit profiter de toutes ces opportunités pour jouer son rôle qui a un caractère très mobile.

Plaise à Dieu de réveiller son église du monde entier comme un seul homme afin d'élever l'étendard de Christ dans cette espace pour la gloire de Dieu et le salut du plus grand nombre.

INTRODUCTION

La Bible, nous fait revivre les belles aventures missionnaires des champions de la foi de l'église du premier siècle, l'objectif ultime poursuivi par le Saint-Esprit dans ces histoires missionnaires est de nous encourager afin que nous réalisions l'importance de cette grande tâche que le Seigneur à confier à son église appelé la grande commission pour notre implication totale.

Notre génération est envahie par des fausses idées et une mauvaise compréhension de cette tache noble. A ce jours les chrétiens ont du mal de sortir de leur zone de confort pour aller à la conquête des nations non atteintes, prétendant que ce sont des territoires qui dégagent une certaine hostilité à l'égard du Christianisme, pourtant dans ces zones, il y a un grand besoin spirituel qui se présente, d'où ça vaut la peine de mettre nos vies en péril par amour pour ces âmes qui sont destinés d'aller en enfer s'ils n'entendent et ne croisaient pas à l'Evangile, alors une question sérieuse s'adresse à nous, comment croient-ils si nous n'allons pas vers eux ?

Dans ce livre, il est question de raconter les évènements qui ont marqué le séjour d'un jeune missionnaire qui a reçu le cœur de Dieu et a répondu présent à son appel pour aller vivre en Mauritanie pendant une année en annonçant l'Evangile à ce peuple qui vit dans les ténèbres et les chaînes qu'une religion qui s'est imposé et a obtenu une couverture légale forte.

Pendant cette période, Dieu a ouvert les yeux certaines personnes qu'Il a mises sur le chemin de ce jeune missionnaire et les membres de son équipe. Dans ce cadre, il partage son expérience à travers les lignes de ce livre, car il croit fermement que si les chrétiens peuvent utiliser les opportunités de leurs voyages de vacances ou études et même immigration dans les nations non atteintes cela permettra la naissance d'un grand mouvement spirituel qui mettra en contact les expatriés chrétiens et les autochtones dans le but de faciliter les échanges autour de l'Evangile, par la grâce de Dieu les yeux de ces autochtones s'ouvriront et le Seigneur suscitera une armée qui se procurera du salut de ces nations.

Aussi cette tache étant confié à l'église, elle doit s'impliquer dans l'envoie des missionnaires pour s'acquitter de cette responsabilité qui au-delà d'être une priorité c'est une urgence qui s'impose.

Ainsi l'église, doit réfléchir à des méthodes simples pour rendre la mission
a accessible à tout type de chrétiens.

Que ce partage d'expérience missionnaire encourage tous les lecteurs à
affronter leurs peurs pour cultiver le gout des aventures missionnaires.

CHAPITRE I : AVANT LE DEPART : L'APPEL ET LA PREPARATION

I.1. Naissance d'une passion avérée pour les âmes perdues

À l'école, avec quelques amis, nous avions fondé un groupe d'évangélisation appelé JPEC (Jeunes dans la Passion de l'Évangile du Christ).

Ce groupe avait pris forme durant les vacances de 2014-2015, lors des cours de rattrapage. Notre professeur d'anglais nous parlait souvent de Jésus-Christ, de l'importance de lui consacrer nos vies, de laisser derrière nous nos anciennes habitudes, et de devenir sérieux dans notre relation avec Dieu.

Un jour, il nous a fait découvrir une chanson de Michael W. Smith, More Love, dont les paroles — More love, more power, more of You in my life — résonnaient profondément en moi, touchant mon cœur. À ce moment-là, je prenais réellement conscience de mes péchés et de ma culpabilité. Plus tard, ce même professeur nous a invités, mon ami Davidon et moi, à une réunion de prière sur la montagne.

L'université de Kinshasa, située sur le Mont-Amba, possède de vastes espaces que les étudiants utilisent souvent comme lieux de prière. Cette réunion de prière a été un moment marquant pour moi. En quittant cet endroit, je suis rentré chez moi, rempli de culpabilité et les larmes aux yeux.

Je sentais le poids de mes péchés et, marchant sur le chemin du retour, je répétais sans cesse "pardon", croyant que c'était ainsi que le Seigneur m'accorderait sa miséricorde.

Dès lors, ma vie a pris un tournant. J'ai abandonné mes anciennes habitudes pour embrasser une vie nouvelle en Christ. Rapidement, notre professeur a structuré avec nous le groupe JPEC, et un grand réveil a pris place dans notre école. Plus de 200 élèves rejoignaient régulièrement nos réunions de prière, et avec mes deux amis Davidon et Gédéon, nous dirigions ce mouvement.

En juillet 2016, avec le groupe des enfants de mon église, nous avons participé à un camp biblique qui se tient chaque année pendant les vacances, juste avant la rentrée scolaire. Ce camp qui dure d'une semaine, était une première pour moi ; je n'avais jamais vécu ce genre d'expérience auparavant. Je commençais à peine ma vie chrétienne en communauté et avais du mal à m'intégrer parmi les autres enfants. Pourtant, avant ce camp, ma foi était déjà vive.

Lors de ce camp biblique, un jour, nous nous sommes isolés pour prier. Progressivement, d'autres ont rejoint notre prière, et celle-ci est devenue très intense. C'est à ce moment-là que le Saint-Esprit m'a rempli d'un fardeau pour les âmes — un fardeau qui ne m'a jamais quitté.

I.2 A la découverte de l'école de vision

En 2018, j'ai quitté mon pays pour poursuivre mes études en Tunisie. Solide dans ma foi chrétienne, je vivais ma relation avec Dieu en paix, mais sans évangéliser comme je le faisais au Congo, où j'avais pour habitude de partager la Parole de Dieu dans les rues, les bus, et les universités. En Tunisie, bien que je continuasse à fréquenter l'église, à me faire des amis et à partager ma foi, la flamme n'y était plus.

Un jour, en allant à la salle de sport avec des amis, nous avons croisé deux jeunes femmes. Elles nous ont salués et nous ont demandé d'où nous venions. Quand nous leur avons répondu que nous étions du Congo, elles se sont mises à chanter une chanson chrétienne en lingala.

Nous étions stupéfaits de les entendre chanter dans notre langue. Ensuite, elles nous ont invités à participer à une réunion de prière appelée World Mission. Honnêtement, je n'étais pas très enthousiaste, mais elles ont tellement insisté que j'ai fini par accepter.

La réunion se déroulait dans le sous-sol d'une université. La salle était petite et sombre, mais remplie d'une chaleur spirituelle intense. Des drapeaux de nombreux pays étaient accrochés aux murs. Pendant l'adoration, les chants étaient interprétés en trois langues : le français, l'anglais et une autre langue de l'Asie.

Les paroles, projetées sur un écran, étaient également dans ces trois langues. C'était pour moi une expérience extraordinaire, la première fois que je voyais, dans un espace aussi restreint, de jeunes gens de plusieurs nationalités — Tunisiens, Asiatiques, Congolais, Gabonais, et d'autres encore — réunis pour prier ensemble. Chacun chantait dans sa langue, les mains levées vers le ciel.

Je garde encore en mémoire l'image de deux jeunes Gabonais chantant Maranatha, les mains tendues vers le ciel, les larmes aux yeux. Ces jeunes hommes sont devenus plus tard de proches amis.

Durant cette réunion, l'orateur, un missionnaire, a parlé de la Turquie. Bien que je connaisse ce pays, c'était la première fois que quelqu'un me présentait sa réalité spirituelle, en exposant la souffrance des Turcs, leur histoire et le plan de Dieu pour eux. À la fin de la réunion, ils m'ont offert un croissant avec un petit drapeau de la Turquie planté dessus, en me suppliant de commencer à prier pour ce pays. Je suis rentré chez moi ébloui.

Quelque temps plus tard, les deux jeunes femmes m'ont contacté et m'ont proposé de les rencontrer. Nous nous sommes retrouvés dans un café, et ce jour-là, elles étaient accompagnées de Benjamin, l'un des jeunes Gabonais. Ils m'ont alors parlé d'une école qu'ils appelaient la Vision School.

Bien que je ne comprisse pas vraiment le concept, je savais que cette formation était payante, ce qui me freinait — car je n'étais pas habitué à l'idée de payer pour des choses spirituelles. Cependant, ils ont insisté pour que je m'y inscrive.

Cette école, qui dure sept semaines, se tenait chaque dimanche dans une banlieue de Tunis, dans une petite salle abandonnée que les frères et sœurs chrétiens prenaient soin de décorer chaleureusement.

Pour moi, cette école ne signifiait pas grand-chose. J'y suis allé parce que mes amis Asiatiques m'y ont fortement encouragé. Je ne savais pas alors que cette expérience allait changer ma vie de manière irréversible.

Pendant ces semaines, j'ai découvert la vision de Dieu. Pour la première fois, quelqu'un m'a parlé ouvertement et avec clarté du cœur de Dieu. J'ai compris que Dieu avait un cœur, mais j'ai aussi réalisé que, jusqu'alors, je ne m'en souciais pas.

Je vivais pour moi-même, pour mes propres objectifs et luttes. Même dans mes efforts d'évangélisation et ma vie chrétienne, tout ce que je faisais et visait pencher dans la recherche de ma propre satisfaction, c'est-à-dire à combler mon propre ego. Jamais je ne m'étais vraiment intéressé à la vision de Dieu.

I.3 L'impact de l'école de vision

Quand je priais pour connaître la volonté de Dieu dans ma vie, cela tournait toujours autour de moi, de mes désirs, de mes attentes. Mais jamais je n'avais demandé à Dieu : "Seigneur, qu'est-ce que Tu veux ? Pas seulement pour moi, mais quel est ton désir profond ? Quelles sont tes intentions dans l'histoire de l'humanité ? Quel but poursuis-Tu en ce moment ?"

C'est dans cette école que j'ai entendu pour la première fois l'expression « la Grande Commission ». On nous expliquait que la Grande Commission représente le mandat que le Seigneur nous a donné dans Matthieu 28 : « Allez, faites de toutes les nations des disciples ».

L'enseignant précisait que le mot « nation » ne désignait pas les pays, mais plutôt des groupes ethniques et des peuples. Bien que le monde compte de nombreux pays, selon la vision adoptée lors de la Conférence de Lausanne il y a plusieurs années, il existerait environ 24 000 groupes ethniques.

À cette époque, seulement la moitié de ces groupes ethniques avait été atteinte par l'Évangile, tandis que l'autre moitié demeurait injoignable. En réponse à cette réalité, l'Église mondiale s'est mobilisée pour toucher les groupes restants.

Cette démarche s'appuie sur Matthieu 24:14 : « Cette bonne nouvelle du Royaume sera prêchée dans le monde entier pour servir de témoignage à toutes les nations ; alors viendra la fin. » En d'autres termes, tant que la bonne nouvelle n'aura pas été prêchée à toutes les nations, le retour de Jésus-Christ tardera.

Nous avions donc pour mission de transmettre cet enseignement : si nous voulons hâter le retour de Jésus-Christ, nous devons veiller à ce que chaque nation sur Terre entende la parole de Dieu. Telle est l'essence de la Grande Commission.

Depuis lors, de nombreux missionnaires se sont précipités aux quatre coins du monde pour rejoindre ces groupes ethniques non atteints par l'Évangile. Au péril de leur vie, ils se sont investis corps et âme, animés par la foi, pour partager la bonne nouvelle. Malheureusement, les églises ne soutiennent toujours pas suffisamment ce type d'initiatives.

C'est également dans cette école que j'ai découvert l'expression « Fenêtre 10-40 ». Ce terme désigne une région géographique spécifique, située entre 10 et 40 degrés de latitude nord, qui comprend la plupart des nations considérées comme non atteintes par l'Évangile. Cette région comprend majoritairement des pays musulmans, ainsi que d'autres nations où l'accès à l'Évangile est limité. On nous expliquait que l'Évangile avait pris son origine à Jérusalem et qu'il devait, en quelque sorte, revenir à Jérusalem pour accomplir l'histoire.

Pourtant, au fur et à mesure que l'on se rapproche de Jérusalem, la présence chrétienne devient de plus en plus rare, tandis que l'influence de l'islam s'est largement accrue dans les pays environnants. Cette région est perçue comme une « montagne » spirituelle, une sorte de forteresse qui empêche l'Évangile de progresser jusqu'à Jérusalem et, plus largement, de toucher toutes les nations de la Fenêtre 10-40.

Cette manière d'expliquer les choses a transformé ma vision du monde, de mon histoire, et même ma perception des peuples musulmans. Ayant grandi dans un pays chrétien, j'avais toujours perçu les musulmans comme des personnes hostiles, des personnes que je devais absolument éviter. Cependant, grâce à cette école, j'ai commencé à développer de l'amour pour eux.

On nous encourageait même à « adopter » symboliquement une nation de la Fenêtre 10-40, comme on adopterait un enfant, en nous intéressant à cette nation, à prier pour elle, et à suivre régulièrement son actualité.

Après cinq semaines dans cette école, la sixième semaine était dédiée à un camp de retraite dans une autre ville de la Tunisie. Durant une veillée, nous avons eu un orateur – un missionnaire. Il portait des t-shirts usés, presque déchirés, et avait un air singulier. Il servait dans des pays musulmans depuis de nombreuses années. Il nous a partagé un verset en Jean 12:24 : "Si le grain de blé tombé en terre ne meurt, il reste seul ; mais s'il meurt, il porte beaucoup de fruits." Ce verset, je le connaissais, mais jamais je ne l'avais pris au pied de la lettre.

Cet homme nous a fait comprendre que, si nous ne sommes pas prêts à mourir pour Jésus-Christ, nous ne sommes pas de véritables chrétiens. Il nous a fait répéter ces mots : "Nous sommes ici pour mourir afin que Jésus soit connu d'avantage".

Il a raconté des histoires de martyrs et de proches à lui, certains tués, d'autres enlevés ou emprisonnés pour leur foi. Pour moi, tout cela relevait de lointaines réalités. Jamais je n'aurais imaginé pouvoir atteindre un tel niveau d'amour pour Dieu.

I.4 Premier pas vers l'opération sur terrain

Après cette prise de conscience, on nous a proposé un voyage missionnaire à court termes, en Mauritanie. J'ai refusé, trouvant de multiples excuses. Mais mes amies ont insisté : "Si tu aimes Dieu, il faut y aller." J'ai encore trouvé des raisons de ne pas m'engager, et finalement, je ne suis pas allé. Les autres, eux, sont partis en Mauritanie, tandis que je suis resté à Tunis.

I.4.1 L'expérience de l'opération sur terrain dans les provinces de la Tunisie

Peu de temps après, on m'a annoncé qu'un autre voyage missionnaire qui était organisé en Tunisie même, pour une durée de deux semaines. Nous devions quitter Tunis, la capitale, et nous rendre dans les provinces pour vivre cette expérience missionnaire.

Et encore une fois, j'ai décliné. J'avais plusieurs raisons pour justifier mon refus : Noël approchait, et je ne voulais pas me retrouver en mission pendant les fêtes.

De plus, je n'avais vraiment pas les moyens financiers pour entreprendre ce voyage. Ils sont donc partis, une fois de plus, sans moi. Mais l'un de mes amis m'a appelé et m'a demandé : « Rémy, est-ce que tu aimes vraiment le Seigneur Jésus-Christ ? » J'ai répondu : « Oui, je l'aime ! » Alors, il m'a dit : « Prépare-toi et prends soin de Ses brebis. »

En entendant ces mots, je me suis souvenu des paroles de Jésus-Christ à Pierre, lorsqu'Il lui a demandé à plusieurs reprises : « Pierre, m'aimes-tu ? » Et Jésus ajoutait : « Prends soin de mes brebis. »

Touché par cette invitation, je lui ai répondu : « D'accord, je viens avec vous. » Comme ils étaient déjà partis, mon ami est revenu sur Tunis pour me récupérer et m'amener là où ils étaient.

Nous avons pris un louage, un minibus typique en Tunisie, et sommes arrivés dans une ville appelée Kairouan. C'est l'une des villes les plus importantes du pays et un haut lieu de l'islam. La grande mosquée de Kairouan, considérée comme un site de pèlerinage pour les musulmans, domine la ville.

À notre arrivée, je ressentais une certaine inquiétude. Je craignais l'inconnu et me sentais en insécurité, ne maîtrisant pas la langue ni les coutumes locales. Je savais que ce séjour n'allait pas être simple.

Ce voyage missionnaire de deux semaines s'appelle Field Operation (FO), ou Opération sur le Terrain. Il intervient après l'école de formation Vision School et permet d'expérimenter la vie de missionnaire en conditions réelles.

Les règles de cette mission diffèrent des voyages missionnaires classiques: chaque participant finance son propre séjour et nous suivons les principes inspirés du passage de Luc 10. Dans ce passage, le Seigneur Jésus envoie 70 disciples, deux par deux, pour aller dans chaque ville et chaque endroit où il comptait se rendre.

Luc 10.1 montre que le Seigneur n'envoie pas des chevaliers solitaires : il envoie des équipes pour préparer le chemin là où il viendra. Leur rôle est simple mais fondamental : être des précurseurs, ceux qui ouvrent la voie pour le Seigneur.

Bien que j'aie des difficultés sur le terrain, et que j'en aborde certaines dans ce livre, la tâche en elle-même est simple : nous sommes appelés à être des Jean-Baptiste, des voix qui crient dans le désert pour aplanir le chemin du Seigneur.

Dans Jean 1.23, Jean se présente ainsi : « Je suis la voix de celui qui crie dans le désert : Aplanissez le chemin du Seigneur. » Le désert représente les lieux où la vie est absente, des terres en attente de l'Évangile, comme celles situées dans la Fenêtre 10/40.

À Kairouan, nous avons formé des équipes de deux ou trois personnes et commencé à visiter des villages autour de la ville, partant pour une ou deux nuits. À chaque étape, nous cherchions des maisons accueillantes, où nous pourrions partager notre foi et planter une première semence de l'Évangile.

Nous cherchions des enfants de paix, c'est-à-dire des personnes prêtes à nous accueillir et à nous ouvrir leur maison (Luc 10.5-6). Très souvent, nous formions des équipes de deux, et nous nous présentions aux portes en demandant l'accès aux toilettes. En général, les Tunisiens, connus pour leur hospitalité, trouvaient notre demande inhabituelle mais l'acceptaient volontiers.

Avec nos gros sacs à dos, nous entrions dans la maison. Celui qui allait aux toilettes prenait son temps, pendant que l'autre membre de l'équipe engageait la conversation. Très souvent, notre hôte, dans l'attente, proposait un café à celui qui attend.

Après quelques minutes, le premier missionnaire revient et, à son tour, l'autre demande à aller aux toilettes. Entre-temps, le maître de maison, touché par la situation, ne veut plus laisser partir ces étrangers sans leur offrir un repas.

C'est alors que commençait la partie importante de notre mission. Dans Luc 10.7, le Seigneur nous demande d'accepter tout ce qu'on nous offre, car « l'ouvrier mérite son salaire ». Dans les versets 3 et 4, il nous appelle à un voyage de foi, nous exhortant à ne pas nous charger inutilement, car il prend soin de nous.

Pendant le repas, nous nous efforcions de savourer chaque bouchée. En effet, les cœurs s'ouvraient plus facilement lorsque les étrangers partageaient leur nourriture.

Après le repas, nos hôtes nous demandaient souvent où nous allions passer la nuit. Nous répondions simplement que nous n'en savions rien, et généralement, ils nous invitaient à rester dormir chez eux.

La nuit est un moment privilégié où tout se déroule. Nos hôtes, souvent curieux, engageaient la conversation. Ils accueillaient des étrangers chez eux, ce qui n'est pas chose courante. Ils étaient désireux de savoir d'où nous venons et pourquoi nous sommes là.

Au fil de la discussion, ils découvraient que nous étions chrétiens, et cela ne posait généralement aucun problème. Car, le Seigneur, dans sa souveraineté, ouvre les portes à sa manière.

Je tiens à souligner que le Seigneur nous envoie en tant que précurseurs, nous préparant à son œuvre. Nos missions de deux semaines se résument à marcher, à rencontrer des personnes de paix. Une fois que nous les trouvons, nous acceptons leur hospitalité, mangeons et buvons ce qu'ils nous offrent. Si des malades sont présents, nous imposons les mains pour leur guérison. Nous annonçons l'Évangile et, ensuite, nous laissons les résultats entre les mains de Dieu.

Dans la banlieue de Kairouan, après une longue journée de marche avec mes deux coéquipiers, nous avons croisé une jeune dame qui vendait des pains traditionnels tunisiens, appelés "Tabouna". Nous l'avons saluée en disant

"Salem", avec les quelques mots d'arabe que nous connaissions, et nous avons essayé, tant bien que mal, de converser avec elle. Elle nous a offert deux Tabounas, que nous avons acceptées avec joie. Ensuite, elle nous a conduits chez elle, où nous avons rencontré sa famille.

Nous avions avec nous quelques produits cosmétiques et des gants pour enfants, que nous lui avons offerts. Sa mère, très âgée, souffrait de douleurs au dos. Nous avons demandé si nous pouvions prier pour elle. Par gestes, nous avons essayé de leur faire comprendre que le nom de celui à qui nous allions adresser la prière n'était pas Allah, mais Jésus-Christ.

La sœur de notre équipe a posé les mains sur le dos de la dame, et devant nous, elle a été instantanément guérie. Nous étions aussi étonnés qu'eux par ce qui se passait.

Souvent, nous cherchons le Seigneur à l'intérieur des murs de nos églises, mais le cœur du Seigneur se trouve parmi les perdus. Il dit dans sa parole que ce ne sont pas les bien-portants qui ont besoin de médecins, mais les malades et ajoute : "Je ne suis pas venu appeler des justes, mais des pécheurs" (Marc 2:17). Il est donc évident que le cœur du Seigneur se trouve à l'extérieur, en dehors de nos églises et de nos nations dites chrétiennes. Le Seigneur nous donne rendez-vous à l'extérieur.

Ce moment a été pour moi une révélation du cœur de Dieu. J'ai pu, pendant un instant, ressentir ce que le Père ressent. Lors de notre retour à notre QG, à la maison des jeunes de la ville (le Dar Shabab), pendant que nous partagions notre journée, les larmes ont coulé de mes yeux.

Je n'arrêtais pas de pleurer, car, bien que je voulusse rentrer chez moi, mon cœur était tordu de douleur pour ces personnes. J'ai compris que ces larmes étaient celles de Dieu, me permettant de comprendre et de ressentir son désir profond de sauver ces âmes. Il m'invitait, sans me contraindre, à rejoindre sa cause, à aimer ces personnes comme Lui les aime et à prendre soin de ses brebis.

Le dernier jour de notre voyage, un certain 25 décembre, nous sommes allés en ville inviter nos amis à une soirée à la maison des jeunes. C'était Noël, et nous voulions profiter de l'occasion pour leur faire découvrir le sens de Noël, qui sont les chrétiens et la signification du christianisme. Nous avons décoré la salle, préparé des danses, des chants et des pièces de théâtre, mélangeant l'Évangile et le divertissement.

Je n'oublierai jamais comment les invités étaient partagés dans leurs cœurs en découvrant ce que Noël signifie vraiment. Ils avaient l'habitude d'entendre parler du christianisme de loin, sans jamais en comprendre le sens. Ils étaient étonnés de découvrir que tous ce qu'ils pensaient savoir sur Noël, sur Jésus et les chrétiens étaient faux, et que ces chrétiens et leur Jésus n'apportaient que l'amour.

Bien sûr, personne n'aurait osé accepter le Seigneur ouvertement par peur de persécution, mais je pouvais voir dans les yeux de certains un désir profond de faire partie de cette grande famille. Le temps nous était compté. À peine ces personnes commençaient-elles à découvrir le christianisme, que la nuit tombait et qu'ils devaient déjà rentrer chez eux.

Notre voyage touchait également à sa fin. J'ai compris à ce moment-là que le problème de ces personnes, c'était qu'elles n'avaient personne pour les enseigner, personne pour être leurs amis.

Il est écrit : "Car quiconque invoquera le nom du Seigneur sera sauvé. Comment invoqueront-ils celui en qui ils n'ont pas cru ? Et comment croiront-ils en celui dont ils n'ont pas entendu parler ? Et comment en entendront-ils parler, s'il n'y a personne qui prêche ? Et comment y aura-t-il des prédicateurs, s'ils ne sont pas envoyés ? Qu'ils sont beaux les pieds de ceux qui annoncent la paix, de ceux qui annoncent de bonnes nouvelles !" (Romains 10:14-15).

Il faut donc envoyer quelqu'un qui parlera, pour que ces personnes entendent parler du Seigneur, qu'elles aient la possibilité de le connaître et de l'invoquer pour être sauvées. Mais en deux semaines, ce travail était impossible. Il me fallait beaucoup plus de temps.

Ce premier voyage de deux semaines m'a beaucoup appris sur le cœur de Dieu et l'importance de la mission. Je suis revenu à Tunis, joyeux d'avoir participé à ce voyage, mais aussi triste en prenant conscience du besoin sur le terrain, mais du manque d'ouvriers. "La moisson est grande, mais il y a peu d'ouvriers. "Priez donc le maître de la moisson d'envoyer des ouvriers dans sa moisson" (Luc 10:2).

I.4.2 Autres aventures des opérations sur terrain et la proposition de la mission à long terme en Mauritanie

À notre arrivée à Tunis, l'équipe m'a proposé de les rejoindre dans le staff pour servir avec eux dans d'autres écoles de vision qu'ils envisageaient d'ouvrir. Nous avons eu une réunion avec d'autres personnes ayant également servi en Mauritanie, et nous avons partagé nos expériences sur le terrain. Après cette réunion, nos dirigeants ont commencé à me parler plus en détail de la Mauritanie.

Ils m'ont dit : « Rémy, va en Mauritanie pour un an en tant qu'étudiant-missionnaire. » Cette proposition me paraissait inimaginable. En tant qu'étudiant, j'avais des projets pour la suite de mes études. De plus, dans mon esprit, le concept de mission semblait incompatible avec mes objectifs.

Je voulais aussi partir en Occident pour terminer mes études. Consacrer une année entière de ma vie à servir en Mauritanie semblait inconcevable. J'ai essayé de repousser cette idée, mais elle continuait son œuvre en silence dans mon cœur.

J'ai donc commencé à fréquenter cette équipe avec qui j'allais vivre de nombreuses expériences. Ensemble, nous avons servi dans des écoles de vision et voyagé à nouveau en Tunisie pour le FO (Formation et Orientation). Nous avons vécu des moments extraordinaires. Parfois, nous dormions à la belle étoile, emportés par l'aventure.

Pendant ces deux semaines, nous avons découvert tant de choses sur les musulmans. Depuis l'extérieur, notre perception est souvent biaisée, mais ce voyage nous a permis de les rencontrer et de mieux comprendre leur réalité.

Un jour, nous étions dans une ville appelée Gabès. Nous n'avions nulle part où dormir, car nous n'avions pas trouvé de « famille de paix » pour nous accueillir. Nous avons donc décidé de passer la nuit à la gare des bus. Pendant la nuit, avec mes deux coéquipiers gabonais, nous partagions nos histoires, tissant des liens plus forts. C'est alors qu'une voiture blanche s'est approchée.

C'était un Tunisien, qui avait pour habitude de se promener la nuit, avec une réserve de sandwiches dans sa voiture, qu'il distribuait aux passants qu'il rencontrait. Cette route était souvent empruntée par des migrants qui manquaient parfois de nourriture, et il pensait que nous étions des migrants. Nous étions surpris par cet élan de générosité, venant d'un Tunisien débordant d'amour.

On nous avait souvent présenté les Tunisiens comme des gens distants, voire racistes, et voilà que nous rencontrions un homme chaleureux. Il vivait au Canada, mais revenait en Tunisie chaque été pour participer à des activités solidaires. Cet homme, joyeux et accueillant, nous a fait découvrir un autre visage de son pays.

Pendant cette nuit à la gare, nous avons également rencontré un gay. Il est venu nous voir de lui-même, et nous avons eu l'occasion de partager notre foi avec lui. Ce fut un moment inoubliable.

À l'île de Djerba, nous avons encore dû passer la nuit à la gare, et là, nous avons fait la connaissance d'un jeune tunisien et de son frère. Nous avons partagé l'Évangile avec eux et avons gardé contact. Plus tard, nous nous sommes retrouvés à Tunis.

I.4.5 Opération sur terrain en Mauritanie

À notre retour à Tunis, nous avons continué à servir dans d'autres écoles de vision. Puis, un autre voyage s'est profilé : cette fois, il s'agissait de la Mauritanie.

Honnêtement, je ne souhaitais pas y aller. J'avais déjà envisagé de partir en Europe, juste après cette école de vision. En plus, je n'avais pas les moyens financiers pour entreprendre un tel voyage, et il me manquait aussi la carte de séjour. Cela signifiait que si je quittais la Tunisie, je n'aurais pas les moyens d'y revenir. J'ai donc décidé de refuser.

À ce moment-là, mes ressources étaient épuisées, et une tension s'est installée entre moi et une de mes dirigeantes au sein de l'équipe. Elle me reprochait de ne pas être un « vrai » chrétien, affirmant que je chérissais davantage ma vie que les âmes à sauver pour le Seigneur.

De mon côté, j'essayais de lui faire comprendre que ce n'était pas une question de manque d'engagement envers Dieu. J'aime profondément Dieu, mais je pense que la mission ne devrait pas être une obligation imposée à chacun.

Pour elle, mon refus de partir en mission était une trahison, voire une désertion. Cela a mené à une discussion très tendue entre nous. Finalement, elle m'a même proposé de me prêter de l'argent pour financer mon voyage en Mauritanie, à condition que je la rembourse plus tard. J'ai accepté son offre.

Ainsi, nous avons pris l'avion ensemble, avec un frère congolais et un autre frère gabonais. Pendant cette période, un combat se déroulait dans mon cœur. J'avais mes propres rêves et ambitions, mais je découvrais peu à peu que ceux de Dieu étaient très différents des miens. J'étais face à un choix : soit je continuais à suivre ma propre voie avec mes rêves, soit je décidais de suivre les désirs de Dieu.

En annonçant mon départ pour la Mauritanie, j'espérais pouvoir combiner les deux. Je voulais que ma vision s'accorde avec celle de Dieu, que mes rêves rejoignent les siens, que mes ambitions puissent s'aligner sur les ambitions divines. Mais c'était un défi immense, presque irréalisable. Le Seigneur, dans sa parole, dit dans Jean 3:12-15 : « Celui qui garde sa vie la perdra, mais celui qui la perd pour le Seigneur la retrouvera. »

Par ces mots, le Seigneur nous appelle à mourir à nous-mêmes, à cesser de vivre pour nous-mêmes et à donner nos vies pour Lui. C'est ainsi que nous pouvons réellement retrouver la vie, mais en Lui.

Nous avons pris l'avion à Tunis, direction Nouakchott. Durant le vol, l'un de nous a soudainement fait une crise. Nous n'avons pas paniqué, mais avons commencé à prier pour lui. Cet incident nous a fait comprendre que nous étions entrés dans un combat spirituel intense en faisant ce voyage. Quand nous sommes arrivés à Nouakchott, c'était irréel pour moi. Mes parents n'étaient pas au courant de ce voyage.

À la sortie de l'aéroport, deux jeunes frères, missionnaires étudiants ivoirien et congolais venant du Maroc, nous attendaient à l'extérieur. Ils avaient déjà passé plus de six mois en Mauritanie et semblaient en pleine forme, rayonnant de santé. Nous avons pris la voiture en direction de l'auberge, où nous devions retrouver d'autres équipes venues du Maroc et d'Allemagne.

Pour être honnête, dès le premier jour, je pensais déjà à mon retour à Tunis. Je n'avais pas envie de passer dix jours dans ce pays qui, à première vue, semblait empreint de désolation et de pauvreté, sans parler de la chaleur écrasante.

Une chose étrange m'arrive souvent en mission : je ressens à la fois l'envie de servir, car je sais au fond de moi que cela plaît au Seigneur, mais en même temps, je ne désire qu'une chose : rentrer chez moi. Très souvent, ce sentiment d'enthousiasme s'évanouit, ce qui rend difficile de servir le Seigneur dans des conditions difficiles en se basant uniquement sur ce que l'on ressent.

L'apôtre Paul conseille à son fils spirituel Timothée de prêcher l'évangile que l'occasion soit favorable ou non. Le Seigneur nous appelle à aller au-delà de nos ressentiments et à prendre un engagement sérieux avec lui.

Il est impossible de servir le Seigneur comme missionnaire dans des nations hostiles à l'évangile sans un véritable engagement. Il nous faut donc être des personnes de parole, capables de prendre des décisions et de demeurer fermes malgré vents et marées.

Nous avons passé dix jours en Mauritanie, visitant Nouakchott et ses environs, ainsi que d'autres villes comme Boutilimit et Aleg. Beaucoup de choses se sont déroulées pendant cette période. Le troisième jour, une douleur dentaire insupportable m'a empêché de sortir pour le ministère.

À Aleg, nous n'avons pratiquement croisé personne, tandis qu'à Boutilimit, nous avons fait face à plusieurs défis, y compris des tensions internes. Mon orgueil s'est réveillé à cause d'un différend sur notre lieu de couchage : devions-nous dormir à la belle étoile près d'une gare de bus ou bien dans une auberge ? Mon coéquipier, qui était leader du groupe ce jour-là, avait décidé que nous irions à l'auberge. Cela a mené à une dispute, et finalement, nous avons passé la nuit dans des chambres séparées.

Le Seigneur connaît ses brebis, ses enfants, et leurs imperfections. Il nous envoie en mission deux par deux, car il sait que dans ces situations extrêmes, où nous sommes épuisés, tendus, après avoir payé le prix fort pour être là, marchant toute la journée sous le soleil accablant du Sahara pour ne rencontrer parfois personne, notre vraie nature se révèle. L'ego s'éveille.
Mais c'est précisément dans ces moments, alors que nous partons à la rencontre des perdus, que le Seigneur nous rencontre, nous transforme et façonne nos cœurs.

C'est pourquoi, dans Luc 10, il nous demande de ne rien emporter afin que nous soyons totalement dépendants de lui. Il veut nous rendre vulnérables pour pouvoir travailler en nous. C'est pour cette raison que la bible dit « C'est pourquoi voici, je veux l'attirer et la conduire au désert, et je parlerai à son cœur. » (Osée 2:14)

L'avant-dernier jour de notre voyage, nous avons médité sur le chapitre 8 de Luc, priant le Seigneur de nous guider vers quelqu'un comme "l'eunuque éthiopien", une personne qui lirait la Parole mais sans la comprendre. En sortant dans la ville, nous avons rencontré un homme attiré par ma guitare, passionné de musique.

Il était couturier et nous a invités dans son atelier, où nous avons également rencontré son fils. Nous leur avons partagé l'évangile avec simplicité. Cet homme nous a confié qu'il avait toujours voulu aller à l'église. Il avait vécu avec des chrétiens dans sa jeunesse au Sénégal, mais n'avait jamais eu l'occasion de leur parler. Il avait attendu ce moment toute sa vie.

Nous avons chanté pour lui et son fils "Reckless Love", et lui avons offert une petite Bible. Nous nous sommes quittés remplis de joie ; il était très heureux, et nous aussi. Mais au fond de moi, je sentais que notre mission était incomplète : nous avions bien partagé l'évangile avec cet homme, mais nous ne lui offrions pas les moyens de grandir dans sa foi, le laissant seul alors que nous allions quitter le pays le lendemain.

Le dernier jour, tôt le matin, nous sommes allés à l'hôpital pour faire le test Covid. Nos frères missionnaires étudiants, qui organisaient toutes nos activités, nous ont indiqué un quartier de la ville pour un dernier moment de ministère, avant de nous retrouver à 15h pour une visite touristique.

Nous nous y sommes rendus et, en marchant, avons croisé un groupe de jeunes. Nous avons voulu leur parler, mais ils ne comprenaient pas un mot de français, alors nous avons continué notre chemin. Un peu plus loin, nous avons rencontré un jeune Ivoirien qui nous a avoué qu'il était chrétien en Côte d'Ivoire, mais musulman en Mauritanie.

Nous avons commencé à lui partager la Parole de Dieu, lui rappelant l'importance de rester fidèle au Seigneur. La discussion devenait intéressante ; il nous a invités à nous asseoir et nous a offert du thé, une tradition incontournable en Mauritanie. Nous étions installés sous sa tente, près de la rue, lorsqu'un de ses voisins, un boutiquier mauritanien, nous a rejoints. Heureux de savoir que l'un d'entre nous venait du Gabon, où il avait vécu, il a écouté attentivement l'évangile.

Vers midi, un autre homme est arrivé : un Mauritanien, élève d'une école militaire, qui ne parlait pas français. Nous avons donc demandé à l'Ivoirien de traduire. Pendant trois heures, sous cette tente, nous avons prêché l'évangile, défendant notre foi avec passion, oubliant même que nous nous trouvions dans un pays réputé dangereux pour les chrétiens.

Au bout d'un moment, nous avons dû nous arrêter pour partir. L'élève de l'école militaire a alors pris la parole, disant : « Merci d'être venus, merci d'avoir partagé ce moment avec nous. » Il nous regardait les larmes aux yeux et ajouta : « Vous êtes venus chez nous pour parler de votre Dieu, mais nous n'avons pas cru en lui, tout comme vous ne croyez pas au nôtre ».

Cependant, vous sentez-vous en insécurité ici ? » J'ai répondu « Non. » Il poursuivit : « Est-ce que nous vous avons tués ? » Nous avons ri en répondant « Non, puisque nous sommes vivants. » Il conclut alors : « Lorsque vous rentrerez chez vous, dites aux gens que nous ne sommes pas des tueurs. Dites-leur qu'ils peuvent venir nous rendre visite, que nous ne sommes pas ce que les médias disent de nous. »

Nous sommes partis, mais ses paroles sont restées gravées dans mon cœur. À l'aéroport de Nouakchott, on m'a compliqué les choses avant que je ne puisse embarquer pour Tunis. Je n'avais ni visa valide, ni carte de séjour tunisienne. Finalement, ils ont accepté de me laisser prendre l'avion.

I.5 Retour à Tunis

À mon arrivée à Tunis, mes deux amis ont passé la frontière sans problème, mais moi, j'ai été retenu par la police des frontières. J'ai tenté de demander un visa de court séjour à l'aéroport, sans succès. Ils m'ont placé en isolement dans une salle d'attente, sans eau ni nourriture. Je n'avais que mon petit sac à dos et ma guitare.

Mes amis ont essayé de contacter l'ambassade du Congo en Tunisie pour demander de l'aide, sans résultat. Au bout de deux jours, les autorités de la police des frontières sont venues me voir pour me demander de payer un billet d'avion pour retourner dans mon pays d'origine.

C'était un choc. Je devais informer mes parents de la situation, mais ils ignoraient la véritable raison de mon voyage. Ils avaient deux jours pour m'acheter un billet d'avion. De plus, la police ne m'a pas permis de récupérer mes affaires et mes diplômes que mes amis tentaient de me remettre à l'aéroport.

Avec beaucoup de difficulté, ma famille a finalement réussi à m'envoyer un billet d'avion. J'ai passé quatre jours à l'aéroport avant d'embarquer pour Istanbul, puis Kinshasa. Je suis rentré chez moi sans rien, sans diplôme, sans quoique ce soit, mais les paroles de ce jeune mauritanien étaient restées aggravée dans mon cœur. Je n'avais qu'un rêve, retourné en Mauritanie pour cette fois ci, y passer une année comme étudiant missionnaire. Mais je savais que les choses n'allaient pas être aussi simples pour moi.

I.6 Retour imprévu au pays

Lorsque j'étais encore à Tunis, j'étais en contact avec un frère au Congo, passionné de la mission. Il habitait en province, mais nous nous étions rencontrés à Kinshasa lorsque j'y habitais auparavant. Nous passions de longues heures au téléphone à parler de la mission, de l'importance de s'engager, et de toutes ces questions liées à l'évangélisation.

Quand il a appris que j'étais à Kinshasa, il m'a proposé de faire un voyage en Somalie. Sans hésiter, il a tout quitté dans sa province et est venu à Kinshasa pour que nous puissions entreprendre ce voyage ensemble.

À son arrivée, je lui ai parlé de l'École de Vision. À ce moment-là, notre organisation organisait une conférence au Kenya, une sorte de camp missionnaire. Je lui ai proposé de m'accompagner, mais nous n'avions pas les moyens financiers pour nous y rendre. Alors, nous avons décidé d'approcher des pasteurs pour leur expliquer notre projet, dans l'espoir qu'ils ou leurs églises puissent nous soutenir financièrement.

Nous sommes allés voir l'un des plus grands pasteurs de la région. Je lui ai partagé mon témoignage de mission en Mauritanie, et il n'en revenait pas que des jeunes chrétiens congolais aient pris des risques pour une telle mission.

Touché par notre démarche, il a proposé de financer notre voyage au Kenya, et pas seulement pour nous : il a aussi suggéré que nous partions avec des responsables du département de l'évangélisation de son église et d'autres personnes motivées par la mission. Il nous a rassurés que ce soutien viendrait de ses propres fonds personnels et non de l'église.

Nous avons quitté son bureau remplis de joie et d'assurance, confiants que nous allions participer à cette conférence, si importante pour nous et notre vision de la mission.

Le pasteur nous avait mis en relation avec le responsable du département d'évangélisation de l'église afin que nous puissions organiser ce voyage avec lui. Nous avions calculé le budget et tout le reste, que nous lui avons ensuite envoyé pour qu'il le soumette au pasteur, afin que les finances soient débloquées pour nous permettre d'entreprendre ce voyage ensemble.

Après plusieurs jours sans réponse, le jour précédent le début de la conférence, nous nous sommes rendus à l'église et avons attendu jusqu'à très tard pour rencontrer le responsable. Finalement, il est venu nous voir, nous annonçant que le pasteur avait décidé que l'église ne disposait pas des moyens financiers nécessaires pour soutenir notre voyage, et il nous a présenté ses excuses. Nous sommes repartis, très tristes et aussi remplis de frustration.

À notre retour chez nous, nous avons décidé d'envoyer un message au pasteur pour exprimer notre mécontentement et demander des explications. En effet, il nous avait bien précisé que le financement du voyage ne dépendrait pas de l'église, mais de lui personnellement. Nous lui avons donc écrit un message sur WhatsApp, auquel il a répondu : « Mes frères, je n'ai jamais reçu de suite de votre part. » C'est alors que nous avons compris que le responsable de l'évangélisation dans l'église n'avait pas transmis notre demande au pasteur.

Quelques jours plus tard, ce responsable a prêché lors d'une conférence à l'église. Nous avons alors réalisé que, s'il nous avait accompagnés dans cette mission, il aurait manqué cette occasion de prêcher. Dans les méga-églises, beaucoup de jeunes aspirent à l'opportunité de prêcher un jour devant la grande assemblée. C'est sans doute pour cette raison qu'il n'avait pas informé le pasteur, ne voulant pas risquer de perdre cette précieuse occasion.

Cette expérience nous a fait comprendre que, même si le pasteur a à cœur la mission, il est souvent difficile de le joindre directement. Les personnes autour de lui, quant à elles, semblent peu intéressées par ce genre d'engagement.

Jésus, s'approchant, leur parla ainsi : « Tout pouvoir m'a été donné dans le ciel et sur la terre. Allez donc, faites de toutes les nations des disciples, les baptisant au nom du Père, du Fils et du Saint-Esprit, et enseignez-leur à observer tout ce que je vous ai prescrit. Et voici, je suis avec vous tous les jours, jusqu'à la fin du monde » (Matthieu 28.18-20).

Ce passage est un ordre du Seigneur. Il ne nous laisse pas le choix d'accepter ou de refuser : Il commande, « Allez ! » Pourtant, aujourd'hui, ce travail missionnaire est souvent relégué à une activité secondaire. Les Églises semblent avoir d'autres priorités, et ce n'est que dans leur « temps libre » qu'elles daignent accomplir cette mission.

Au contraire, les Églises devraient s'empresser de soutenir la mission, d'encourager et d'aider les jeunes volontaires, particulièrement lorsqu'ils s'engagent dans des régions difficiles et dans des zones de la fenêtre 10/40, où la présence de l'Évangile est rare.

Malheureusement, notre vision de la Grande Commission semble avoir été étouffée par d'autres préoccupations. Avec mon ami, nous avons partagé avec certains frères et sœurs notre désir de partir en mission dans cette fenêtre 10/40. Plutôt que de nous encourager, ils nous ont découragés. On nous a conseillé de bien réfléchir, de ne pas prétendre agir comme les apôtres et de ne pas « mourir pour rien ».

I.7 L'accueil de l'école de vision à Kinshasa

Nous avons partagé notre désir de partir en mission auprès des musulmans avec un pasteur très accessible (mon pasteur) et passionné par la mission, il nous a encouragés chaleureusement. Lorsque, je lui ai raconté mon expérience de mission en Mauritanie, il a voulu savoir comment j'avais pu y aller.

Je lui ai expliqué que j'avais suivi une formation appelée Vision School, à l'issue de laquelle une opportunité de mission de deux semaines nous avait été offerte. J'ai aussi dit au Pasteur : je veux y retourner, mais cette fois pour un an comme étudiant missionnaire.

Le pasteur, très intéressé par cette école, nous a proposé d'organiser cette formation dans son église. J'ai alors pris contact avec notre quartier général, qui a rapidement envoyé une équipe à Kinshasa, composée de membres venus d'Allemagne, de l'Asie et des États-Unis. Ensemble, nous avons ainsi pu organiser une Vision School à Kinshasa, un rêve devenu réalité pour moi.

Je nourrissais l'espoir que les églises de mon pays puissent accéder à cette vision, car il me semblait que les Églises congolaises n'envoyaient pas de missionnaires dans la "fenêtre 10/40" faute d'information. Ce fut un moment extraordinaire, où le Seigneur a touché les cœurs et suscité un éveil autour de la mission.

Les participants ont été confrontés à des réalités qu'ils ignoraient : beaucoup ne savaient pas qu'il était possible de se rendre auprès des musulmans dans leurs régions d'origine. Certains avaient le désir de partir, mais ne savaient pas comment. Grâce à cette école, nous avons pu voir le Seigneur allumer une véritable passion missionnaire au sein de l'Église congolaise

I.8 Les préparatifs pour partir à la Rencontre de l'Autre : Un retour décisif en Mauritanie

Le dernier jour de la formation, le pasteur avait jugé bon que je partager à l'assemblée mes motivations pour aller en Mauritanie comme étudiant missionnaire pour une année, j'ai saisi l'occasion et je me suis adressée à l'assemblée à cœur ouvert, par après le pasteur à demander à ceux qui les voulaient de me soutenir avec les finances, malgré les inquiétudes de plusieurs, pour qui ma décision semblait être un risque inutile, certains admiraient mon choix de partir pour cette mission. Beaucoup se sont proposer pour me donner des dons, et dès le lendemain, grâce à leur soutien, j'avais pu rassembler jusqu'à mille dollars de fonds. Ce geste de solidarité de la part de l'église était pour moi un signe d'espoir. Je me disais qu'avec un peu d'effort, de grandes choses étaient possibles.

Cependant, cet argent restait bien insuffisant pour couvrir tout ce dont j'avais besoin pour aller en Mauritanie. Je continuais donc à prier avec mon équipe.
Un jour, lors d'une réunion avec des personnes ayant participé l'année précédente à la Vision School à Kinshasa, nous avons discuté de la création d'une équipe locale. L'objectif était d'organiser des écoles de vision à travers la ville pour encourager les églises à se tourner vers la mission.

Un frère, que nous connaissions à peine, a proposé de jouer le rôle d'intermédiaire pendant mon séjour en Mauritanie. Il s'engagerait à recevoir mes lettres de prière et à les partager avec les autres, tout en collectant des fonds pour subvenir à mes besoins sur place.

Il m'a invité un lundi dans son bureau, et en arrivant, j'ai découvert qu'il était le directeur général d'une grande entreprise. Il a décidé de prendre en charge mon billet d'avion et de subvenir à mes besoins pendant ma mission. C'était tout simplement un miracle. Je n'en revenais pas : là où je m'inquiétais de mes moyens financiers, le Seigneur venait de répondre à mes besoins. Cet événement a renforcé ma foi d'une manière indescriptible.

Les choses avançaient bien. Nous avions des fonds, des partenaires motivés, mais deux éléments importants manquaient encore. D'abord, je n'avais pas encore informé ma famille de ma décision de partir pour une année en Mauritanie. Ensuite, mon passeport était en train d'expirer. J'avais déjà fait la demande pour un nouveau passeport, mais alors que la date de départ approchait, le passeport n'était toujours pas prêt. Mon équipe et moi continuions à prier avec ferveur.

Le jour où j'ai décidé d'en parler à mes parents, contre toute attente, ils m'ont répondu d'une manière surprenante. Ils m'ont simplement dit de placer ma confiance en Dieu, tout en me rappelant de penser également à mon avenir. Cette réaction m'a apaisé et m'a conforté dans ma décision.

À l'approche du voyage, j'étais confiant, mais un sentiment de solitude s'installait en moi. Lorsque j'étais avec les autres, je me sentais accompagné, mais une fois face à mon propre chemin, je réalisais que j'étais seul, confronté à la réalité de ce qui m'attendait. J'étais sur le point de partir pour une année dans un pays musulman, et malgré le soutien du directeur général de l'entreprise et la présence de quelques amis qui priaient avec moi, je ressentais un certain isolement. J'avais l'impression d'être une personne qui avait pris un grand risque sans que les autres en saisissent vraiment la portée.

C'est dans ce moment que le Seigneur m'a réconforté, me rappelant que le chemin de la croix est un chemin personnel. Il est vrai que l'on peut cheminer en groupe, entouré d'amis, mais lorsque vient le moment de porter la croix, nous sommes seuls. J'ai traversé des moments d'angoisse, passant certaines nuits à pleurer. Pourtant, une motivation profonde me poussait à continuer.

Le jour du départ, je suis allé voir le directeur général, qui était devenu mon soutien principal. Nous avons passé la journée ensemble en jeûne et en prière, entourés de mes amis venus se joindre à nous.

Cependant, je n'avais toujours pas reçu mon passeport. Une heure avant mon départ pour l'aéroport, une amie est arrivée avec mon passeport en main. C'était un autre miracle qui me confirmait que j'étais prêt à partir.

Je me suis rendu à l'aéroport, où, comme souvent, il y a eu quelques complications avant d'embarquer. Mais finalement, j'ai pris l'avion pour le Maroc, puis pour la Mauritanie. J'étais maintenant en Mauritanie, pour une année, sans savoir ce qui m'attendait.

La croix devant moi, le monde derrière moi
Oui, sans retour, oui sans retour !

Chapitre II : LA VIE MISSIONNAIRE EN MAURITANIE

II.1 Présentation de la Mauritanie

II.1.1 La Mauritanie : l'Eau Vive du Sahara

Ésaïe 43:19 dit: « Voici, je vais faire une chose nouvelle, sur le point d'arriver: Ne la connaîtrez-vous pas? Je mettrai un chemin dans le désert, Et des fleuves dans la solitude ».

La Mauritanie, nation aride et méconnue, est une terre en attente de transformation. Située à l'extrémité ouest de l'Afrique du Nord, elle partage ses frontières avec l'Algérie à l'est et s'ouvre sur l'océan Atlantique à l'ouest. Bien qu'elle soit vaste – presque 1,5 fois la taille du Maroc – la majeure partie de son territoire est recouverte de désert.

Avec une population d'environ 4,6 millions d'habitants, la Mauritanie figure parmi les pays les plus pauvres du monde. Près d'une personne sur cinq y vit avec moins de 1,25 dollar par jour. Les principales activités économiques sont l'élevage, la pêche et l'exploitation minière. La capitale, Nouakchott, est une ville construite sur le sable et abrite environ un quart de la population nationale.

Les langues officielles de la Mauritanie sont l'arabe et le français. Sa population est un mélange complexe de groupes ethniques : environ 30 % de Maures (descendants des Berbères et des Arabes musulmans), 40 % de métisses entre Berbères et Noirs autochtones, et 30 % de Noirs africains. Pourtant, la perception sociale dominante place les Arabes comme classe dirigeante, tandis que les Noirs sont souvent relégués à une condition servile. Cette hiérarchie raciale a engendré de profondes inégalités et un sentiment persistant de discrimination.

En 2013 et 2014, une fondation australienne, « Walk Free », a désigné la Mauritanie comme le pays ayant la plus forte prévalence d'esclavage au monde. On estime que 3 à 4 % de la population vit encore en esclavage, principalement des Noirs. Ces esclaves sont non seulement exploités physiquement, mais aussi asservis mentalement par un lavage de cerveau qui les pousse à croire qu'ils ne peuvent pas vivre sans leurs maîtres.

La situation des droits humains est alarmante. En 2014, le pays obtenait un score de 97,9 sur 100 en termes de violations des droits fondamentaux liées à l'esclavage, au mariage des enfants et à la traite humaine. Dans certains cas extrêmes, des esclaves sont victimes de violences sexuelles, et leurs enfants nés de ces abus sont également agressés.

Les défis sociaux se sont aggravés ces dernières décennies, notamment en raison de sécheresses prolongées qui ont poussé des milliers de personnes vers les villes. Ces migrations ont entraîné chômage, pauvreté croissante et inflation galopante. Les enfants mendiants et les mariages précoces sont des réalités quotidiennes dans cette république islamique qui se proclame officiellement à 100 % musulmane.

II.1.2 Une Terre de Défis Spirituels

La Mauritanie est l'un des rares pays au monde où se convertir à une autre religion est illégal. Toute personne abandonnant l'islam pour une autre foi risque la peine de mort sans possibilité de repentance, selon une loi adoptée en 2017. Cette atmosphère de répression religieuse empêche des millions de Mauritaniens de connaître l'Évangile. Plus de 70 % de la population étant analphabète, seul un témoignage verbal peut leur transmettre la Bonne Nouvelle.

En 2014, un chrétien clandestin, connu sous le nom de frère M, publia un article dénonçant l'utilisation de l'islam comme outil de discrimination raciale et sociale. Accusé d'apostasie pour avoir critiqué Mahomet, il fut condamné à mort le 25 décembre 2014.

Alors que le monde célébrait la naissance du Christ, frère M attendait sa fin dans une cellule froide, tandis que la foule se réjouissait de sa condamnation. Bien qu'il ait été libéré en 2017 sous pression internationale, cette libération provoqua des manifestations massives, incitant le gouvernement à durcir les lois contre l'apostasie.

II.1.3 Une Lueur d'Espoir

Malgré ces ténèbres, Dieu continue de travailler en Mauritanie. La plupart des missionnaires ont été expulsés ces dernières années, et ceux qui restent affrontent de violentes attaques spirituelles et physiques. Pourtant, à l'image de Lazare, cette terre aride peut encore revivre.

Ainsi parle l'Éternel: "Invoque-moi, et je te répondrai ; je t'annoncerai de grandes choses, des choses cachées, que tu ne connais pas." (Jérémie 33:3)

La Mauritanie a besoin de plus d'intercesseurs et de messagers de l'Évangile pour briser ses chaînes spirituelles et sociales. Dieu est à l'œuvre, et dans cette nation désertique, Il prépare une source d'eau vive pour étancher la soif spirituelle de son peuple.

II.2 Présentation de l'équipe missionnaire

Lorsque je suis arrivé à l'aéroport de Nouakchott, un missionnaire en poste depuis longtemps m'attendait avec son chauffeur, un Gambien récemment converti au christianisme et particulièrement fidèle. L'accueil était chaleureux, mais le monde autour semblait enveloppé d'une obscurité pesante. Toute la ville était imprégnée d'une odeur de poisson.

Pendant le trajet jusqu'à ma future maison, de nombreuses questions se bousculaient dans mon esprit : qu'allais-je découvrir ici ? Où allais-je vivre ? Avec qui ? Je savais qu'un ami gabonais, que j'avais rencontré en Tunisie, se trouvait déjà sur place, mais je ne savais pas si je le verrais dès le premier jour ou plus tard. Mon cœur était partagé entre excitation et appréhension face à l'inconnu.

En traversant Nouakchott, j'ai d'abord admiré de beaux quartiers avant de pénétrer dans une zone bien moins attrayante. C'était un choc. Ce quartier m'était totalement inconnu et semblait si différent de tout ce que j'avais vu auparavant. C'était le Quartier de « Dar Naim, Ould badou », L'appartement où j'allais séjourner se trouvait au deuxième étage d'un bâtiment modeste. Au rez-de-chaussée, une femme tenait un petit commerce, et à l'étage, c'était chez nous.

En entrant dans l'appartement, j'ai découvert une grande pièce servant de salon, entourée de trois chambres. Mon ami gabonais, avec qui j'avais partagé de nombreux moments en Tunisie, m'accueillit avec un large sourire, visiblement heureux de me retrouver. L'atmosphère était chaleureuse et accueillante.

J'ai également fait la connaissance des autres membres de l'équipe qui m'attendaient. Nous étions sept en tout : deux Philippins, deux Ghanéens, un Camerounais, mon ami gabonais, et moi. Une petite équipe, mais déjà unie par un objectif commun. Pour des raisons de sécurité, nous avions tous changé de noms. Par conséquent j'avais choisi le nom de Jonathan

Dans 1 Samuel 14, Jonathan, fils de Saul, fait preuve d'un grand courage et d'une foi inébranlable. Accompagné de son porteur d'armes, il attaque un poste avancé des philistins en s'appuyant sur la puissance de Dieu. Leur action audacieuse provoque une panique dans le camp ennemi, amplifiée par un tremblement de terre Les philistins se dispersent : et les Israelites, encouragés, remportent une grande victoire.

Je voulais être comme Jonathan, porter son courage et son audace. Mon rêve est de voir les églises de mon pays, habituées à se rassembler en foule dans des réunions, se lever avec la même énergie pour envahir les nations et prêcher l'évangile. Mais en attendant que ce rêve se réalise, je prends mes initiatives, à la manière de Jonathan, avec foi que le Seigneur, par mes petits efforts, accomplira de grandes choses. Ainsi, je pourrai contribuer à une victoire, non pour ma gloire, mais pour celle de notre Seigneur.

Les deux Philippins avaient adopté les noms de Boaz et Jem. Boaz, âgé de 32 ans, avait travaillé en Arabie Saoudite. C'est là qu'il avait reçu une vision qui l'avait poussé à s'engager dans une mission d'un an en Mauritanie. Père d'un enfant mais non marié, Boaz se démarquait par son sérieux et son perfectionnisme. Dans l'équipe, il était notre organisateur principal.

C'était lui qui dirigeait nos réunions et prenait la parole avec aisance. Fort de ses expériences et des erreurs de son passé, il prodiguait souvent des conseils, particulièrement à nous, les plus jeunes.

Mon ami gabonais avait choisi le nom de Tareq. Bien qu'amical, il avait des échanges parfois tendus avec Boaz, car il n'appréciait pas son autorité qu'il jugeait parfois excessive. Dans notre culture, issue de la diaspora africaine francophone, nous avons tendance à valoriser l'égalité entre amis, ce qui donnait lieu à des discussions animées.

Il y a, l'un des frères ghanéens, était mon binôme naturel dans le groupe. Nous avions tous les deux 23 ans et étions les plus jeunes. Il venait de Dubaï, où il avait travaillé pour subvenir à ses besoins. Là-bas, il avait rencontré des frères chrétiens qui lui avaient partagé leur vision de la mission en Mauritanie. Déterminé, il avait vendu de l'eau dans des parcs pour financer son voyage.

Cependant, son périple vers la Mauritanie fut loin d'être simple. À son arrivée à l'aéroport de Nouakchott, les agents d'immigration lui demandèrent 50 USD pour le visa. Ignorant cette exigence, et suivant les conseils de ses responsables à Dubaï de ne jamais céder à la corruption, il refusa catégoriquement de payer. Cette décision déclencha une série d'événements inattendus.

L'immigration menaça de le renvoyer à Dubaï. Mais comme son titre de séjour n'était plus valide, cela n'était pas une option. Il fut donc réacheminé vers le Maroc, où il passa deux jours à l'aéroport avant d'être renvoyé au Ghana, son pays d'origine. Malgré Cet épisode tragique, il demeura résilient et déterminé à poursuivre sa mission. Quelques jours plus tard, il prit l'avion du Ghana à destination de Nouakchott. Cette fois-ci, tous les frais de visa étaient réglés, et il put entrer dans le pays sans encombre.

Dans notre équipe se trouvait Jem, un frère philippin de 33 ans. Quelques jours avant notre rencontre, il avait pris sa retraite après des années de travail. C'est aussi durant cette période qu'il reçut une vision claire pour les nations.

Jem était le doyen de notre groupe, mais également le plus gentil et le plus humble. Il avait une personnalité d'enfant : il adorait les blagues et les jeux, ce qui rendait sa présence joyeuse et légère. Issu d'une grande famille aux Philippines, il avait grandi dans une maison pleine de vie et de partages, ce qui expliquait son aptitude naturelle à vivre en communauté.

Nous avions également Silas, un frère ghanéen de 32 ans. Il avait choisi ce nom en référence à un personnage biblique. Silas était l'un des membres les plus tendres de l'équipe, reconnu pour sa douceur et son calme.

Peu bavard, il intervenait rarement dans les discussions mais, en cas de désaccords, il jouait toujours le rôle de pacificateur. Avant de venir en Mauritanie, où il était présent depuis huit mois déjà à mon arrivée, Silas avait travaillé en Arabie saoudite et participé à plusieurs missions. Il avait une nature serviable et accueillante : personne ne passait chez nous sans bénéficier de son hospitalité.

Enfin, il y avait Énoch, notre frère camerounais de 33 ans. Originaire de la partie anglophone du Cameroun, Énoch ne parlait pas français. Il était connu comme le "showman" de l'équipe, apportant énergie et éclats de rire à chaque moment. Avant son arrivée en Mauritanie, Énoch vivait et travaillait à Dubaï. Son enthousiasme et sa personnalité pétillante faisaient de lui un véritable pilier de bonne humeur dans notre groupe.

II.3 Le quotidien de la mission

Ici je décris notre routine – l'adoration, la méditation, l'apprentissage de la langue – et comment cela renforçait notre foi et unité.

En tant qu'équipe, nous nous sommes fixés plusieurs objectifs. À long terme, nous visions de bâtir une église. À court terme, nos objectifs étaient plus concrets, comme atteindre dix nouvelles personnes par semaine, par exemple.

Nos journées suivaient une routine simple mais intense. Nous nous réveillions tous à 6h du matin. À 7h précises, nous commencions notre moment de méditation. Chaque jour, nous lisions un chapitre de la Bible, en commençant par la Genèse, puis chacun partageait ce qu'il avait compris. Ces moments étaient riches et souvent extraordinaires : les échanges étaient si profonds et sincères que nous dépassions souvent l'heure initialement prévue.

Après la méditation, nous faisions une pause de quelques minutes avant de reprendre à 8h30 pour la réunion d'adoration et intercession. Ce moment durait aussi une heure. Nous chantions trois ou quatre chansons, puis l'un de nous conduisait la prière. Le rôle du "chef du jour" ou "président du jour" était de diriger ces moments de méditation et d'adoration.

Ce rôle revenait à tour de rôle, en commençant par les membres les plus anciens de l'équipe et en terminant par les plus récents. En tant que l'un des nouveaux membres, j'étais souvent parmi les derniers à remplir ce rôle.

Le président du jour avait également pour mission de s'assurer que chaque équipe partait à l'heure sur le terrain. Après les moments spirituels, nous prenions du temps pour manger, nous laver et, pour certains, réviser et pratiquer la langue locale, car nous devions parler la langue dominante du pays avant de sortir.

Une fois prêts, nous partions dans la ville. Nous cherchions à rencontrer de nouvelles personnes, à nouer des amitiés. Lorsqu'une relation se créait, nous fixions un rendez-vous pour les revoir, soit chez eux, soit chez nous. Ces rencontres étaient cruciales pour établir des liens solides et durables.

A la fin de la journée, nous rentrions ensemble à une heure bien définie. Nous clôturions la journée par une réunion d'évaluation. Ce moment, également conduit par le président du jour, permettait de faire le point sur nos expériences, nos réussites et nos défis.

II.4 La culture, la langue et le travail divin dans mon cœur

Ici je raconte les défis de l'adaptation culturelle et linguistique, ainsi que les moments où nous avons réussi à nous intégrer et à gagner la confiance des habitants.

Dans notre équipe, notre objectif principal était de nous faire des amis et de partager progressivement l'Évangile, sans précipitation. Pour cela, nous nous rendions dans des lieux de rassemblement comme les marchés, où nous achetions des produits tout en engageant des conversations avec les marchands et les clients.

Nous allions aussi régulièrement sur les terrains de football ou de basket. Nous avions même acheté des ballons de foot et de basket pour nous permettre de fréquenter ces endroits. En jouant régulièrement avec les habitants, nous avons commencé à nouer des amitiés de manière naturelle. Ils pouvaient nous voir souvent, apprendre à nous connaître, et petit à petit, nous devenions proches.

Lorsqu'on nous demandait ce que nous faisions en Mauritanie, nous répondions simplement que nous étions là pour apprendre la langue. En effet, nous étions inscrits dans une école où nous étudiions la langue locale trois à quatre fois par semaine. Cela constituait notre couverture. Il nous était strictement interdit de révéler que nous étions des missionnaires ou même de donner nos vrais noms. Ainsi, peu à peu, nous avons commencé à nous intégrer et à construire des amitiés.

Cependant, le début n'a pas été facile, surtout pour moi et mon coéquipier direct, Elias. Il y avait des tensions constantes entre nous, des disputes pour des choses souvent insignifiantes. Nous ne connaissions pas un seul mot de la langue locale, ce qui compliquait encore plus notre mission. Pour être honnête, je n'avais pas envie de faire équipe avec Elias. Je souhaitais travailler avec un francophone, quelqu'un qui partageait mon vécu, mes centres d'intérêt. Mais le Seigneur avait d'autres plans pour moi.

Être en équipe avec Elias, que je n'appréciais pas au départ, était un défi quotidien pendant cette année. En réalité, je n'avais pas de véritables raisons de le détester. Mon mauvais caractère prenait simplement le dessus. Le mal qui se cachait en moi se révélait, et j'en étais arrivé à haïr profondément Elias, bien qu'il ne m'ait jamais fait de mal. Cette situation m'a forcé à affronter mes propres faiblesses et à reconnaître que le problème ne venait pas de lui, mais de moi. « Le

cœur est tortueux par-dessus tout, et il est méchant: Qui peut le connaître? »
Jérémie 17.9

Je ne mesurais pas la profondeur du mal qui résidait en moi. J'ignorais à quel point mon cœur était rongé par le péché. Je ne savais pas qu'un véritable chaos se trouvait au plus profond de mon être. C'était une friction intérieure, un trouble profond. Cette amertume que j'éprouvais envers Elias m'a révélé, bien plus tard, combien j'étais un homme mauvais, perdu, incapable de bien sans l'intervention du Seigneur.

Elias m'aimait. Il voulait tout faire comme moi. Même lorsqu'il n'appréciait pas une boisson, il s'efforçait d'en boire s'il me voyait en boire. Nous avions chacun une somme d'argent, remise par notre chef, égale pour tous. Chacun était libre de gérer ses finances à sa manière. Mais Elias, dans sa simplicité et sa générosité, voulait toujours partager avec moi sa nourriture. Et moi, je refusais. Mon cœur, déjà rempli de ressentiment, s'endurcissait encore davantage.

Ce n'est que bien plus tard que j'ai compris : sans le Seigneur, je ne pouvais rien. Sans Lui, j'étais incapable de me défaire de cette haine, de cette noirceur qui m'habitait. Elias, dans son amour désintéressé, était un miroir qui me renvoyait à ma propre misère spirituelle.

J'étais le plus faible des faibles,
Malheureux et pécheur que je suis.
Si indigne, mais tu m'as appelé.
Avec ma foi, mon espoir en toi,

Je n'aurai pas honte,
Car tu m'as appelé à prêcher la croix.
Où tu m'enverras, j'irai,
Si c'est pour toi, Seigneur,

Car je veux toujours proclamer la croix.
Jusqu'à ce que ton saint sang
Couvre toute la terre,

Je prêcherai et je porterai la croix.
Si je vis, je vis pour toi,
Si je meurs, je meurs en toi.

Je t'appartiens, dans la vie ou dans la mort.
Par le pouvoir de la croix,
Par l'espoir de la croix,

Jésus-Christ seul vivra en moi.
Ton amour pour moi, c'est la croix,
Et donc mon amour pour toi, c'est la croix.

Ces mauvais comportements, cette mauvaise conduite, toutes ces actions nuisibles que je faisais envers mes coéquipiers étaient pour moi des révélations. Je ne les percevais pas pleinement, elles n'étaient pas claires à mes yeux. Mais pour Dieu, ce n'était pas une surprise. Il les connaissait depuis toujours.

Il savait que j'étais mauvais. Il savait que j'étais faible, corrompu jusque dans mes pensées les plus profondes. Pourtant, malgré tout cela, Il m'a appelé. Il m'a confié une tâche immense : porter sa parole et annoncer son salut, pour que son sang répande sa grâce et couvre toute la terre.

À ce moment-là, alors que je commençais à découvrir ces ténèbres en moi, je pleurais beaucoup. J'étais dégoûté par ma propre personne. Je me demandais même si j'étais digne d'être venu dans ce pays pour prêcher un évangile qui transforme les vies, alors que moi-même, je n'étais pas transformé.

Je me surprenais même à replonger dans certaines addictions que j'avais déjà vaincues. Et tout cela m'arrivait sur le terrain de la mission. Je priais, en larmes, et je disais : « Seigneur, regarde comme je suis mauvais. Regarde comment le péché ronge mon cœur et c'est moi que tu envoies pour accomplir une tâche aussi grande ? Les théologiens, ces personnes éloquentes, qui maîtrisent les Écritures, les saints, ces hommes et femmes remplis de talents et de dons spirituels, eux sont restés au pays. Envoie-les ici ! Je ne suis pas digne d'être ton serviteur. Mais Seigneur, si tu pouvais prendre ma vie pour sauver ne serait-ce qu'un seul Mauritanien, alors ma vie aurait un sens. » Je priais ainsi, pleurant toutes les larmes de mes yeux.

Jean-Baptiste était cette voix qui criait dans le désert : "Préparez le chemin du Seigneur, rendez droits ses sentiers." (Matthieu 3:3, citant Ésaïe 40:3). J'ai toujours voulu m'identifier à lui, être comme lui, me rendre dans mon propre désert. Pour moi, ce désert a été la Mauritanie : aller là-bas, proclamer la bonne nouvelle, préparer le retour du Seigneur, aplanir ses sentiers.

Cependant, ce que je ne savais pas, c'est que le désert n'est pas seulement un lieu de mission. C'est aussi un lieu de rendez-vous, un endroit où le Seigneur choisit de parler ouvertement aux cœurs des enfants. Il est écrit : "C'est pourquoi je veux l'attirer et la conduire au désert, et je parlerai à son cœur." (Osée 2:14).

Souvent, lorsque nous sommes entourés de frères et sœurs, sans problème apparent, et que tout semble bien aller dans nos vies spirituelles, il nous est difficile de discerner la voix de Dieu. Dans ces moments-là, le travail du Saint-Esprit en nous reste souvent superficiel. Mais dans le désert, là où nous avons faim et soif, notre cœur, notre âme et notre esprit deviennent sensibles.

C'est dans cette vulnérabilité que le Seigneur parle, qu'il opère un véritable changement en nous. Dans le désert, Dieu nous dévoile notre véritable nature. Comme le dit Moïse : "Souviens-toi de tout le chemin que l'Éternel, ton Dieu, t'a fait faire pendant ces quarante années dans le désert, afin de t'humilier et de t'éprouver pour savoir ce qui était dans ton cœur." (Deutéronome 8:2).

Il y commence un processus de transformation profond, un travail qui nous prépare pour ce qui est à venir. Mes frères et sœurs, n'ayons pas peur du désert. Ne cherchons pas à l'éviter. "Heureux ceux qui ont faim et soif de justice, car ils seront rassasiés." (Matthieu 5:6).

Plus vite nous mûrissons dans le désert, plus vite nous entrons dans la terre promise, dans notre Canaan. Je commençais à peine mon travail chez les mauritaniens que le Seigneur commençait aussi un grand travail dans mon cœur, le terrain de mission n'était donc plus pour moi un terrain d'exercice spirituel pour sauver les mauritaniens, mais un lieu de transformation, un lieu de découvert de l'autre et de soi et un lieu où le Seigneur me donnait un nouveau rêve, LE REVE DU CIEL.

Tout comme Étienne, rempli du Saint Esprit, et fixant les regards vers le ciel, j'ai vu la gloire de Dieu et Jésus debout à la droite de Dieu. Et je pouvais dire aussi: « Voici, je vois les cieux ouverts, et le Fils de l'homme debout à la droite de Dieu ». (Actes 7. 55-56).

Le cœur du Père nous est venu d'en haut
Languissant de voir le rêve du ciel
Tout amour perdu sera restauré, Nous nous tiendrons par la foi

Nous voulons voir Ta volonté faite sur la terre,
Niant toutes les choses qui sont de ce monde
Ton amour ne nous faillera jamais, Rencontre nous ici Seigneur

Suivant la lumière cette génération se lèvera
Les ténèbres fuiront, Tu es victorieux
Tenant ferme à Ta parole, aux frontières nous nous tiendrons

Notre salut est dans Ta main
Par l'espoir des cieux, nous serons unis
En Ton nom, nous sommes victorieux
Nous partagerons Ta gloire, malgré toutes les souffrances

Nous verrons ce jour arriver
Levons-nous et avançons jusqu'au bout de la terre
Remplis de sainteté, de Louanges et prières
Nous proclamerons la victoire de la croix, Suivant le chemin de notre roi
Seigneur Jésus-Christ, Le Fils du Dieu vivant Reviendra sur cette terre

II.5 Les relations avec les locaux

Lorsque je suis arrivé en Mauritanie, Tarek, Silas, Jem, Boaz, Enosh et Elias étaient déjà sur place. J'avais déjà commencé à exercer le ministère et rencontré quelques personnes. Chaque dimanche, nous organisions des rotations pour désigner le prédicateur du jour. À cette époque, nous avions démarré une petite église à domicile, composée uniquement de notre équipe.

Lorsque les circonstances ou les besoins se présentaient, le frère Alex — un jeune missionnaire ivoirien qui servait également en Mauritanie — nous rejoignait. Lors de mon premier voyage de deux semaines en Mauritanie, Alex terminait son propre service missionnaire d'un an, accompagné de son coéquipier Daniel, un frère gabonais.

À mon retour pour ma mission d'un an, Alex s'engageait dans un nouveau mandat de deux ans. Il amenait parfois des amis à l'église, individuellement, lorsqu'il estimait qu'ils étaient prêts à vivre cette expérience.

Chaque dimanche, nous invitions une personne à qui nous avions partagé l'Évangile, l'encourageant à se joindre à notre moment d'adoration. Avant l'arrivée de nos invités, nous nettoyions soigneusement la maison et préparions l'espace pour les accueillir dans les meilleures conditions.

Le prédicateur désigné travaillait sur son message, et lorsque notre invité arrivait, nous partagions un temps d'écoute et d'adoration ensemble. Après ce moment spirituel, nous clôturions généralement par un repas convivial, créant une atmosphère chaleureuse et familiale.

II.5.1 Rencontre avec SH

Un dimanche, nous avons reçu un frère mauritanien, que j'appellerai ici frère SH. C'était un homme ouvert et aimable, mais qui, bien qu'ayant déjà été exposé à l'Évangile, n'avait pas encore accepté Jésus-Christ comme son Sauveur. Il montrait cependant un véritable intérêt et désirait en apprendre davantage, raison pour laquelle nous l'avions invité.

Après notre service habituel, nous avons partagé un repas avec lui. Entre rires et discussions, nous avons approfondi le message de l'Évangile. Nous pouvions voir comment ce message commençait à toucher son cœur.

Quelques jours plus tard, frère SH nous a invités chez lui pour continuer nos échanges. Nous avons accepté son invitation, apportant avec nous un film chrétien que nous avons visionné ensemble. À la fin du film, nous lui avons de nouveau présenté l'Évangile. Cependant, il n'a pas pris de décision immédiate.

Au lieu de cela, il nous a confié un problème personnel : il devait voyager à l'étranger mais manquait cruellement de moyens financiers pour financer son déplacement. En tant qu'équipe, nous avons débattu de la situation. Bien que certains aient été réticents, nous avons décidé de cotiser pour l'aider.

Une fois l'argent remis, frère SH a disparu sans donner de nouvelles. Cet événement a été une leçon précieuse pour nous : une leçon de discernement, de patience et d'amour désintéressé, même lorsque nos efforts semblent vains. Cette expérience nous a appris à persévérer dans la mission, tout en acceptant que l'issue ne soit pas toujours celle que nous espérions.

Au bout de presque deux mois et demi en Mauritanie, je commençais à m'épuiser. Le découragement s'installait, car je ne voyais pas encore les fruits de nos efforts. L'envie d'abandonner me traversait l'esprit.

Un dimanche, Alex est venu accompagner de deux de ses amis, que j'appellerai BA et SA. BA, un Mauritanien à la peau noire et très foncée, portait une coupe simple et discrète. C'était un homme peu bavard, toujours calme et réservé.

À l'opposé, SA, un Sénégalais, affichait un style bien particulier : des dreadlocks sous un grand bonnet coloré. Par contraste avec BA, SA parlait beaucoup. Il connaissait déjà la plupart des membres de l'équipe et avait même séjourné en Mauritanie avant mon arrivée.
Cependant, une chose frappait chez eux : leurs attitudes légèrement efféminées. Lors d'une discussion, SA nous confia qu'il avait fui le Sénégal à cause des persécutions liées à son apparence.

Il nous raconta aussi qu'il était en plein processus pour obtenir l'asile aux États-Unis. Nous avons tenté, tant bien que mal, de lui annoncer l'Évangile, mais il restait sourd à nos efforts. BA, quant à lui, restait silencieux et impassible face à nos tentatives de partager le message de Jésus.

Nous avions pour habitude de célébrer les anniversaires chez notre leader spirituel. C'était l'occasion d'inviter nos amis locaux pour partager un moment convivial. Sa femme, une cuisinière hors pair, préparait toujours de délicieux repas que nous dégustions ensemble. Lors de l'anniversaire de Boaz, Alex invita BA, qui accepta de venir. Bien qu'il restât timide et réservé, une sortie à la plage que nous organisâmes changea quelque chose en lui.

Ce jour-là, après avoir joué au football, nagé et passé du temps autour d'un feu, BA sembla s'ouvrir pour la première fois. Il souriait, et une lueur d'espoir était visible dans ses yeux. Je commençais à croire que le Seigneur voulait véritablement toucher son cœur.

Cependant, BA était très maigre et semblait perdre encore plus de poids. Un jour, il disparut soudainement. Alex le chercha partout sans succès jusqu'à ce qu'un des amis de BA l'informe de sa localisation. À Nouakchott, dans un coin négligé du centre-ville, se trouvait une sorte d'oasis mal entretenue. C'est là que BA dormait, pratiquement par terre, près des ordures, dans un état alarmant.

Alex le trouva et l'emmena immédiatement à l'hôpital, où il apprit que BA souffrait de gonococcie et du VIH/SIDA. Le choc fut immense pour Alex. Un soir, il décida de confronter BA:— Cette maladie que tu as, comment as-tu pu la contracter ?

C'est alors que BA, après un long silence, raconta son histoire. À 18 ans, il avait quitté son village pour suivre son grand frère à Nouakchott. Là, il rencontra un homme qu'il fréquenta quelque temps. Un jour, cet homme l'invita chez lui et eu de rapport sexuel avec lui. C'est ainsi que BA contracta la maladie.

Rongé par la honte et l'impossibilité de confesser ce qu'il vivait, il s'était renfermé sur lui-même, incapable d'affronter sa famille ou même de croiser le regard de son frère.

En écoutant son récit, Alex pleura abondamment. Il demanda alors à BA s'il voulait accepter Jésus-Christ comme son Sauveur et se repentir de ses péchés. Ce soir-là, BA se repentit sincèrement et accepta le Seigneur. Il témoigna qu'il ne voulait plus de cette vie. Après avoir prié ensemble, BA fit l'expérience de la nouvelle naissance.

À partir de ce moment, bien que son corps se détériorât rapidement, son esprit était rempli de gratitude. Il remerciait le Seigneur pour cette rencontre avec Alex et pour notre équipe. Il était devenu un homme joyeux. Un jour, il partagea une vision qu'il avait eue : — J'ai vu une pièce où nous entrions tous ensemble pour adorer le Seigneur. Il y avait des anges qui chantaient avec nous.

En entendant cela, Alex comprit que le Seigneur préparait BA pour son départ. Quelques jours plus tard, la maladie l'emporta. BA était parti, mais il avait trouvé la paix en Christ.

Pendant presque sept ans, BA souffrait. Cette maladie le rongeait de l'intérieur. Il courait vers la mort, sans espoir, sans amis, sans famille. Il ne pouvait pas raconter les circonstances qui lui avaient permis de contracter cette maladie, car c'était une honte pour lui, et cela aurait été encore plus humiliant pour sa famille. Il risquait d'être rejeté, méprisé, et même tué. BA avait besoin de quelqu'un, juste d'un ami. Il avait besoin de rencontrer le Seigneur.

Nous connaissons l'histoire de ces quatre amis dans la Bible, en Marc 2:1-12. Leur ami était paralytique et incapable de marcher pour aller voir Jésus. Pourtant, ces quatre amis étaient convaincus que Jésus pouvait le guérir. Mais comment parvenir à Lui ? La maison où Jésus enseignait était bondée, entourée de foules. Il semblait impossible d'approcher Jésus.

Cependant, ces amis n'ont pas abandonné. Malgré les obstacles, ils ont trouvé une solution : ils ont monté leur ami sur le toit, créé une ouverture, et l'ont descendu juste devant Jésus. Leur foi et leur persévérance ont payé : leur ami a été guéri.

Comme BA, de nombreux Mauritaniens n'attendent pas des docteurs, des professeurs, ou des experts, ils n'attendent pas ceux qui savent bien parler ou enseigner. Non, ils attendent simplement des amis. Des amis qui les aimeront tels qu'ils sont, qui s'intéresseront sincèrement à eux, qui prendront soin d'eux. Ces amis auront pour mission de les conduire au Seigneur, et Lui, Il fera le reste.

Quand je pense à Ba, je ressens une profonde honte. Honte de mon manque de foi. Pourtant, je ne peux m'empêcher d'admirer Alex. Je suis convaincu d'une chose : chaque dollar dépensé pour aller en Mauritanie en valait la peine, rien que pour que BA accepte le Seigneur. Je suis aussi persuadé qu'à la fin des temps, nous retrouverons BA là-haut, au ciel. Et ensemble, nous louerons le Seigneur pour l'éternité.

II.5.3 Rencontre de Papa M

Un jour, nous rentrions chez nous après une visite à la municipalité, moi, Jem, Elias et Yohanna y étions allés pour nos cartes séjours. Sur le chemin du retour, nous avons croisé un homme assis, seul, au coin de la rue. Nous l'avons salué, et il nous a répondu avec beaucoup de gentillesse. Cette interaction a ouvert la porte à une conversation.

En discutant avec lui, nous avons appris qu'il souffrait d'un AVC partiel. Tout le côté droit de son corps était paralysé, ce qui l'empêchait de bouger correctement sa main et son pied droits. Cette condition le tourmentait depuis plusieurs années. Nous lui avons dit avec conviction que, si nous prions pour lui au nom de Jésus-Christ, il pourrait être guéri instantanément.

Ce jour-là, nous avons prié pour lui, mais rien ne s'est produit ce moment-là. Nous l'avons alors encouragé à placer sa confiance en Dieu, lui rappelant que Jésus-Christ l'aimait profondément, au point de mourir sur la croix pour ses péchés. Bien qu'il ne comprenne pas tout à fait ce message, il nous a montré où il habitait, et nous avons promis de revenir pour continuer à prier avec lui.

Quelques jours plus tard, nous sommes retournés chez lui et avons rencontré sa femme et ses enfants. Je vais l'appeler Papa M. D'origine sénégalaise, il avait été pêcheur avant de s'installer en Mauritanie avec sa femme, une Mauritanienne, et leurs enfants.

Malheureusement, en raison de sa maladie, il était devenu inapte à travailler. Sa femme et sa fille aînée portaient désormais la responsabilité de subvenir aux besoins de la famille.

Avec mon équipe, nous avons décidé de leur venir en aide régulièrement. Nous avons proposé d'enseigner le français à ses enfants et de lui donner des cours bibliques pour qu'il comprenne les plans de Dieu pour sa vie. À notre grande joie, il a accepté.

Chaque mardi, nous nous rendions donc chez lui. Pendant que Yohanna et Elias enseignaient le français aux enfants, Jem et moi nous occupions de Papa M. Je lui partageais la parole de Dieu et lui expliquais l'amour de Jésus-Christ. Pendant ce temps, Jem, qui savait faire des massages, prenait soin de lui en massant son bras et sa jambe paralysés.

Au fil des semaines, ces moments ont permis de tisser des liens profonds avec Papa M et sa famille. Ils étaient non seulement une opportunité d'apporter une aide pratique, mais aussi de témoigner de l'amour de Dieu dans leur vie

Un jour, nous sommes retournés chez Papa M, comme à notre habitude. Ce jour-là, alors que nous partagions l'Évangile avec lui, Yohanna lui a posé une question directe : — « Papa M, tu sais que nous avons beaucoup parlé de Jésus. Aujourd'hui, veux-tu le recevoir comme ton Seigneur et Sauveur personnel ? » À notre grande surprise, il répondit promptement: — « Oui, je le veux. »

Un instant, nous sommes restés incrédules. Était-il vraiment prêt ? J'ai alors repris la parole pour lui expliquer une fois de plus ce que cela signifiait. Je lui ai fait un résumé des grandes lignes de la Bible, de la Genèse à l'Apocalypse, en insistant sur les implications de sa décision. Je lui ai dit qu'en devenant chrétien, il ne serait plus musulman, ce qui pourrait entraîner des persécutions et du rejet de la part de ses proches.

Malgré tout, il répondit avec calme et détermination : — « Oui, j'ai compris, je le veux. »

Papa M avait 56 ans. Nous étions émus, mais aussi inquiets pour lui, connaissant les défis qu'il pourrait rencontrer. Cependant, sa décision semblait sincère et réfléchie.

Ce jour-là, nous nous sommes tous rassemblés autour de lui et l'avons guidé dans une prière d'acceptation du Seigneur. C'était un moment chargé d'émotion. Ensuite, nous sommes rentrés chez nous, remplis de joie et de reconnaissance pour ce que Dieu venait de faire.

À partir de ce moment, nos visites chez lui ont pris une nouvelle dimension. Tous les mardis, nous revenions pour approfondir les études bibliques et l'aider à grandir dans sa foi. Ce fut le début d'un nouveau chapitre dans la vie de Papa M.

II.5.4 Rencontre avec une famille aisée et l'ouverture à plusieurs autres relations réceptives à l'évangile

Le Seigneur a permis à mon équipe de faire une rencontre marquante avec une famille mauritanienne grâce à une dame philippine. Cette dernière était liée à un haut cadre de la police locale, nous l'avons connu à travers deux de nos frères philippins présents dans l'équipe. Rapidement, des liens se sont tissés entre nos groupes, et les membres philippins de notre équipe ont commencé à partager l'Évangile avec eux.

Grâce à cette famille, nous avons également été introduits à de nombreuses autres personnes influentes en Mauritanie, notamment dans la classe sociale élevée. Cela nous a ouvert des portes incroyables. Parmi ces rencontres, il y avait une autre dame philippine Madame MR, mariée à un Mauritanien avec qui elle avait eu plusieurs enfants. Bien qu'elle ait grandi dans la foi catholique, elle s'était convertie à l'islam par respect pour son mari. Cependant, nous avons été témoins de l'œuvre de transformation que le Seigneur a opérée dans sa vie.

Un jour nos frères philippins lui ont annoncés l'évangile, étant face à cette réalité elle a accepté le Seigneur avec beaucoup des larmes mais aussi des craintes, nous l'avons encouragé dans un premier temps à ne rien raconter à sa famille.

Les chrétiens de la communauté étrangère qui vivent en Mauritanie n'ont rien à craindre en ce qui concerne se rendre dans un lieu de culte, ou encore dire publiquement qu'ils sont chrétiens, les mauritaniens n'en ont rien à faire, mais quand l'un de leur ose se convertir à une autre religion, il peut s'attendre à des problèmes très sérieux.

II.5.5 Rencontre avec un Mauritanien à la peau blanche

Nous avions connu un mauritanien, un blanc de peau, à qui notre responsable avait partagé l'Évangile. Cet homme avait accepté Jésus-Christ comme son Seigneur et Sauveur. Cependant, lorsqu'il annonça sa conversion à sa famille, les conséquences furent terribles.

Sa famille, furieuse de sa nouvelle foi, lui confisqua son passeport et son téléphone, le privant ainsi de toute liberté. Il perdit également son travail. N'ayant plus d'autonomie, il fut contraint de retourner vivre dans la maison familiale, où il subit une pression constante. À un moment donné, sa famille l'envoya chez un imam dans un village reculé, où il fut soumis à des pratiques spirituelles terrifiantes et traumatisantes.

Après plusieurs mois de persécutions, cet homme, brisé par les épreuves, nous annonça qu'il avait été marié de force à une musulmane. Il déclara qu'il ne voulait plus rien avoir à faire avec Jésus-Christ.

Ce fut pour nous un témoignage déchirant. En Mauritanie, embrasser la foi chrétienne et renoncer à l'islam entraîne souvent des conséquences extrêmement dures. Cela nous rappelle les lourds sacrifices que certains doivent faire pour suivre Christ, ainsi que la persévérance et le courage que cette démarche exige dans un tel contexte.

II.5.6 Un moment particulier le 25 Décembre avec nos relations locales.

Un moment particulièrement mémorable s'est déroulé le 25 décembre. Nous avions invité plusieurs de nos amis mauritaniens à une fête de Noël organisée chez notre dirigeant.

L'objectif de cet événement était d'expliquer le sens véritable de Noël à nos invités à travers des sketches, des chants d'adoration et une présentation de l'histoire de la naissance de Jésus-Christ. À notre grande joie, un grand nombre d'entre eux avaient répondu à l'invitation.

Ce jour-là, je me souviens avoir dirigé un temps d'adoration avec Tarek, jouant de la guitare. Les chants que nous entonnions touchaient profondément nos invités. Pour eux, c'était la première fois qu'ils participaient à un culte chrétien, découvrant une facette de Noël qui contrastait avec les idées préconçues qu'ils avaient sur le christianisme.

L'atmosphère était empreinte de sincérité, de vérité et d'une beauté qui reflétait la gloire de Dieu. Une équipe missionnaire en provenance des USA composées de 4 dames était présente lors de cette réunion de Noel, nous avions également invité Mme MR à cette réunion. C'était la première fois qu'elle acceptait de participer à un tel événement.

En arrivant, elle fut accueillie par les dames de l'équipe missionnaire à court terme, venues des États-Unis. Parmi elles se trouvait une pasteure dirigeante d'une église à Chicago.

Lorsque cette dernière la vit, elle s'avança et prit Mme MR dans ses bras. Cela fut très significatif, car Mme MR, comme beaucoup de Mauritaniennes, portait un voile qui couvrait même son visage. Ce geste simple mais chargé d'amour brisa quelque chose en elle.

Soudainement, Mme MR éclata en sanglots, pleurant abondamment. Pendant qu'elle pleurait, la pasteure commença à parler en langues, remplie par l'Esprit. À ce moment-là, Tarek et moi jouions de la guitare pour accompagner l'atmosphère de prière.

Ce jour-là, Mme MR fit une rencontre puissante avec le Saint-Esprit. Cet instant marqua un tournant dans sa vie spirituelle. Sa foi, allumée par cette expérience, devint inébranlable et ne s'éteignit plus jamais.

II.6 L'expérience de l'implantation d'une église en Mauritanie

Après la réunion, plusieurs de nos amis musulmans sont venus nous voir, enthousiastes, en nous demandant s'il était possible d'organiser ce type de rencontre régulièrement. Nous leur avons répondu avec joie que nous pouvions effectivement nous réunir chaque dimanche, au même endroit. Ces réunions deviendraient ce que nous appelons une église.

C'est ainsi qu'est née la première église que nous avons implantée en Mauritanie, en collaboration avec toute notre équipe. Nous l'avons appelée Lighthouse Church, un phare dans les ténèbres, reflétant la lumière du Christ dans ce pays.

Une église a donc été implantée dans cette terre où tout semblait impossible. Dans cette église, des musulmans venaient, des ex-musulmans à peine convertis venaient, des chrétiens qui avaient renoncé à leur foi venaient, et une communauté naissait sur cette terre de Mauritanie.

Par des petites personnes communes, des personnes insignifiantes, des personnes peu intelligentes, des personnes sans expérience. Pour la plupart d'entre nous, nous n'avons même pas une grande connaissance de la parole de Dieu, mais le Seigneur, après seulement quelques mois de ministère, a pu implanter avec nous une église en Mauritanie.

Je me pose une seule question : qu'est-ce qui va se passer lorsque l'Eglise, corps du Christ, mettra tous les moyens nécessaires pour traiter le cas de nations non atteintes par l'évangile et y enverra sérieusement des missionnaires ? L'église dort. L'église est occupée à faire autre chose. Mais pourtant, l'œuvre de Dieu est là.
 Les possibilités sont là. Rarement, dans nos églises, ai-je entendu parler des Mauritaniens. Rarement ai-je entendu parler des Turcs, des Tunisiens. Nous parlons de ces pays comme de simples destinations touristiques, mais jamais comme des terres d'évangélisation.

Je vois dans les églises congolaises l'ouverture d'extensions à Paris, à New York, à Abidjan. C'est bien, c'est beau, puisqu'il y a aussi des âmes dans ces villes, dans ces pays. Mais ces âmes ont la possibilité d'entendre l'évangile quand elles veulent. Et parfois même, l'évangile vient à elles, au travail, dans les bus, à l'université. Mais qu'en est-il des Mauritaniens ? La parole de Dieu déclare dans Romains 10:13 : « En effet, quiconque invoquera le nom du Seigneur sera sauvé. »

Mais comment invoqueront-ils celui en qui ils n'ont pas cru ? Et comment croiront-ils en celui dont ils n'ont jamais entendu parler ? Et comment en entendront-ils parler si personne ne leur annonce ? Ils n'ont pas cette opportunité. Personne ne leur a présenté Christ. Ils ne connaissent pas le Christ. Ils ne peuvent donc pas croire en Lui.

Nous crayons que le Seigneur veut faire une chose nouvelle, et elle est sur le point d'arriver: Ne la connaîtrez-vous pas? Le Seigneur mettra un chemin dans le désert (la Mauritanie), Et des fleuves dans la solitude. (Esaïe 43.19)

II.7 Au soir du ministère en Mauritanie

Plus l'échéance de la fin de mon ministère n'approchait, mieux je me sentais dans ce pays, dans cette ville de Nouakchott. J'avais des amis. En plus de notre ministère, nous participions à des écoles de vision en Mauritanie, ce qui nous avait permis de rencontrer d'autres chrétiens, principalement des étrangers. Parmi eux, une mère et ses filles, qui étaient devenues comme mes petites sœurs. Une véritable famille que le Seigneur m'avait donnée dans ces contrées.

Mes amis, qu'ils soient croyants ou non, étaient devenus très proches. Tout était devenu si familier, si naturel. À tel point que l'idée même de devoir partir m'était insupportable. Lorsque j'ai vu Silas partir, suivi de Boaz, puis de Tarek et Jem, et enfin d'Enoch, une tristesse profonde s'est installée en moi. Chacun de ces départs m'arrachait un peu plus à cette vie que j'avais appris à aimer.

Je savais que je devais rentrer à la « vraie vie », celle où les responsabilités et les défis du quotidien m'attendaient. En Mauritanie, nous vivions différemment. Nous n'avions pas le droit d'utiliser nos smartphones au quotidien. Nous ne pouvions parler à nos familles que quelques jours à la fin du mois. Le reste du temps, nous utilisions de simples téléphones à touches, sans Internet.

Cette vie minimaliste était devenue notre norme. Nous ne travaillions pas, nous ne courions pas après les obligations modernes. Nous passions nos journées à prêcher, à manger, à bâtir des amitiés, et à entretenir les relations nouées. Mais là, il fallait retourner à la « vraie vie », avec ses soucis, ses complexités et ses imprévus.

À ce moment-là, des questions tourbillonnaient dans mon esprit : devrais-je partir en France ? Retourner en Tunisie ? Ou rentrer dans mon pays ? Ces interrogations me troublaient profondément, me confrontant à une transition que je n'étais pas sûr d'être prêt à affronter.

**Chapitre III : APRES LA MISSION : REFLEXIONS ET RETOUR
(l'impact de l'aventure missionnaire dans ma vie)**

III.1 La découverte de soi et la transformation du cœur

En Mauritanie, je me suis découvert moi-même. C'est là-bas que j'ai véritablement réalisé le travail de Dieu dans le cœur humain. J'étais totalement nu devant Lui. Toutes les lèpres de mon cœur étaient à nu, exposées à sa lumière. Je me croyais humble, mais la Mauritanie m'a révélé que j'étais loin de l'être.

J'y ai appris la patience. Les Mauritaniens ont cette habitude de préparer du thé avec une lenteur presque cérémonielle. Pour une simple tasse, ils prennent un temps considérable. De la même manière, il nous a fallu beaucoup de temps avant de voir une personne accepter Jésus-Christ. C'était le cœur de notre ministère en Mauritanie.

J'y ai aussi appris à aimer, parce qu'on m'a aimé. Mes coéquipiers m'ont entouré d'un amour sincère, mais au début, je rejetais cet amour. Avec le temps, ils m'ont appris à l'accepter et à le partager en retour.

La Mauritanie m'a également enseigné la gestion financière. Chaque mois, notre responsable nous remettait une somme d'argent, que nous devions gérer pendant un mois. Cela incluait de fournir un rapport hebdomadaire détaillé sur nos dépenses.

J'y ai appris la constance dans ma méditation et dans la prière. Chaque jour, nous devions prier ensemble et méditer la Parole de Dieu. Cette discipline quotidienne a profondément marqué ma relation avec le Seigneur.

Enfin, j'ai appris à vivre dans des conditions hostiles. La chaleur écrasante de la Mauritanie était presque insupportable, mais le Seigneur nous donnait la force de persévérer. Sa Parole nous fortifiait, nous rappelant que toutes choses concourent au bien de ceux qui aiment Dieu.

Avec un peu de volonté, de patience, de diligence, et surtout d'amour, nous pouvons transformer bien des choses dans ce monde. Nous pouvons même précipiter le retour de notre Seigneur Jésus-Christ. C'est une leçon essentielle que j'ai tirée de cette expérience unique.

III.2 Un temps de réflexion à Tunis

J'avais finalement décidé de rentrer en Tunisie. Par la grâce de Dieu, j'ai pu réunir les finances nécessaires pour obtenir un visa et acheter mon billet d'avion. Mon objectif était clair : récupérer mon diplôme de BTS et retourner ensuite au pays.

Cependant, je savais que cette transition ne serait pas facile. C'est pourquoi l'équipe de missionnaires en Tunisie avait insisté pour que je ne vive pas seul à mon arrivée. Ils m'ont proposé de rester au centre où Tarek habitait, afin que cette transition se fasse naturellement et dans un cadre spirituellement encourageant.

À l'origine, j'avais prévu de rester en Tunisie seulement deux semaines, mais après évaluation, l'équipe m'a recommandé d'y rester au moins six mois. J'ai donc entamé toutes les démarches nécessaires pour ce séjour prolongé.

Jusqu'au jour de mon départ de la Mauritanie, mon cœur était lourd de tristesse. Je me souviens encore des larmes qui m'ont envahi lorsqu'Elias et Yohanna, accompagnés de nos frères indiens, m'ont raccompagné à l'aéroport. Ces trois frères, arrivés récemment en Mauritanie en tant qu'étudiants missionnaires, étaient déjà devenus une famille pour nous.

Avant de me rendre à l'aéroport, je suis passé chez notre leader. Ce moment reste gravé dans ma mémoire. Il m'a pris à part pour me conseiller et partager des paroles précieuses. Ses mots étaient empreints de sagesse et de bienveillance, et je les garde encore aujourd'hui comme un trésor.

Lorsque j'ai pris l'avion pour Tunis, tout semblait irréel, comme dans un rêve. En arrivant, tout m'était à la fois familier et étranger. Je savais toutefois que beaucoup était attendu de moi. Nos leaders avaient placé une grande confiance en moi, et je sentais le poids de cette responsabilité. Je devais être exemplaire, tant dans ma conduite que dans ma mission.

À Tunis, j'ai retrouvé de vieux amis, et j'ai aussi revu un de mes cousins qui y vivait depuis 2019. Rapidement, je me suis intégré à l'équipe de missionnaires sur place. Je faisais partie du staff et servais dans les écoles de vision. Nous mobilisions et formions pour la mission. Peu à peu, je commençais à me sentir vraiment à l'aise en Tunisie, au point de vouloir y rester plus longtemps.

Mon expérience semblait être appréciée. Nos dirigeants en Tunisie voulaient que je reste, convaincu que ma présence leur était bénéfique. Mais en parallèle, mon équipe au Congo, celle qui m'avait envoyé en mission, commençait à exercer une pression grandissante : je devais rentrer au pays. Ils me rappelaient que j'avais été envoyé pour témoigner et que ma mission ne serait complète que lorsque je retournerais partager mon expérience.

Cette période était marquée par des doutes et des inquiétudes profondes. Je redoutais de ce retour au pays, car il ne s'agirait pas seulement de témoigner. Une fois rentré, je serais libre de tout engagement religieux ou ministériel. Je devrais affronter une nouvelle réalité : trouver un travail et recommencer une vie différente de celle que j'avais connue pendant ma mission. Ces questions me hantaient, et mon esprit était troublé. La prise en charge des jeunes dans mon cas serait une nouvelle chose pour mon église.

Comme si cela ne suffisait pas, ma copine m'a quitté à cette période. Après cette longue période de silence imposée par mon séjour en Mauritanie, elle ne voulait plus continuer notre relation. Ce fut un coup dur, qui s'ajoutait à mes autres préoccupations.

III.3 Retour une fois de plus au bercail et le travail de Dieu dans l'église du Congo

Finalement, j'ai cédé à la pression de rentrer au pays. Voir ma famille n'était pas ma priorité, mais je me suis appuyé sur cette perspective pour trouver la force nécessaire à ce retour.

J'ai pris un premier avion pour la Mauritanie, où je devais récupérer des affaires appartenant à mon key man, un homme qui avait été un grand soutien pour moi. Une semaine plus tard, je quittais la Mauritanie pour rejoindre Kinshasa.

En arrivant à Kinshasa, je n'étais plus le même homme. Cette année de mission m'avait transformé. J'étais plus fort, plus expérimenté, et prêt à affronter cette nouvelle étape de ma vie. En arrivant à Kinshasa, une décision s'était déjà ancrée dans mon cœur : retourner un jour sur le terrain de ma mission à long terme.

Mon arrivée à Kinshasa marquait le début d'une nouvelle étape, remplie d'objectifs ambitieux. Je voulais remobiliser les croyants, raviver la vision, et ouvrir des écoles de vision. Mon rêve était de voir un mouvement concret d'envoi des missionnaires congolais vers les nations musulmanes.

C'est mon but, mon appel, et mon plus grand désir : que le Congo devienne une lumière pour les nations et un acteur clé dans l'accomplissement de la grande commission.

Lorsque je suis arrivé à Kinshasa, le Seigneur a ouvert de nouvelles portes. Par sa grâce, une nouvelle école de vision a vu le jour dans la ville. Ce fut une immense joie de voir un frère décider de s'engager pour partir comme étudiant missionnaire au Pakistan. J'aurais souhaité qu'il y ait davantage de jeunes prêts à suivre cet exemple, mais à travers cet unique engagement, mon rêve a commencé à se réaliser.

Je crois fermement que, par ces frères, le Seigneur inspirera une nouvelle génération de jeunes missionnaires congolais. Transformés par le Saint-Esprit, ils seront encouragés à sortir de leur zone de confort, à changer leur mentalité et à se rendre dans des nations où la lumière de l'Évangile est encore absente. Par eux, des vies seront guidées, des communautés transformées, et des nations impactées, tout cela par la grâce de Dieu.

Le Seigneur ne s'est pas arrêté là. Il m'a également ouvert une porte professionnelle à Kinshasa, me permettant de m'établir tout en continuant à servir dans son œuvre. Par-dessus tout, Il m'a offert une nouvelle grâce dans ma vie personnelle. Il m'a mis sur le chemin d'une fille chrétienne avec qui je marche aujourd'hui, dans la perspective du mariage.

Le Seigneur m'a permis de vivre de nombreuses expériences marquantes pendant cette année passée en Mauritanie. Mais je suis convaincu que ce n'est que le commencement de son œuvre dans ma vie. Je m'engage, pour le reste de mes jours, à servir le Seigneur afin que son retour glorieux puisse se manifester.

Le Seigneur a gravé dans mon cœur cette parole : « En vérité, en vérité, je vous le dis, si le grain de blé qui est tombé en terre ne meurt, il reste seul ; mais s'il meurt, il porte beaucoup de fruit. Celui qui aime sa vie la perdra, et celui qui hait sa vie dans ce monde la conservera pour la vie éternelle » (Jean 12:24-25). Cette parole est devenue la base de ma prière et de mon engagement. Mon cœur est animé par un désir profond : donner ma vie pour en voir naître une nouvelle. Voilà ma prière, voilà mon désir.

Ce livre est un cri d'alarme, un cri d'éveil. Il appelle les jeunes, les églises et tous ceux qui se réclament disciples du Christ à ouvrir les yeux. Le Seigneur revient bientôt, mais son retour dépend d'un facteur clé : l'Église doit le désirer.

Dans l'Apocalypse, il est écrit : « L'Esprit et l'épouse disent: Viens. » (Apocalypse 22:17). Le Seigneur ne reviendra pas pour une Église qui ne le désire pas. Comme un bon époux, Il veut que son Église l'attende avec ardeur, qu'elle crie pour son retour. Malheureusement, aujourd'hui, de nombreuses églises se sont refroidies. Elles se laissent distraire par les plaisirs du monde et ont oublié leur mission première.

Cependant, entre Dieu et les dieux des nations, son cœur bat pour sauver les nations avant son retour. Comme Jésus l'a dit : « Cette bonne nouvelle du royaume sera prêchée dans le monde entier, pour servir de témoignage à toutes les nations. Alors viendra la fin.» (Matthieu 24:14)

Notre génération doit se lever pour accomplir cette prophétie. Le Seigneur attend que son Église prenne sa mission à cœur, qu'elle se détourne des distractions mondaines pour se consacrer pleinement à l'avancement de l'Évangile.

Tel est le but de ce livre : réveiller les consciences et appeler les cœurs à se tourner vers le Seigneur avec ferveur. Le temps est proche, et nous devons être prêts.

CONCLUSION

En conclusion, personnellement, je pense que ce livre atteindre son but qui est celui de réveiller l'église de mon pays pour réaliser l'importance de l'exécution de la grande tâche que le Seigneur nous a confié.

Il a été important de parler de la naissance de ma passion pour la mission et comment Dieu a conjugué les circonstances pour son amplification grâce à une organisation missionnaire, en suite, dans le deuxième chapitre, il a été questions de parler en long et large des évènements qui ont marqués mes séjours en Mauritanie, et afin, je parle de l'impact de cette expérience dans ma vie.

L'église est en train de perdre son sens et sa raison d'être sur terre, car en lisant les écritures, l'église n'a qu'un seul but à atteindre, l'achèvement du tabernacle céleste construite par les pierres vivantes. Par conséquent, l'église doit se précipiter pour courir dans le monde entier à la recherche de ces pierres précieuses pour l'achèvement de cette belle architecture céleste.

Plaise à Dieu d'ouvrir les yeux de son église pour qu'elle se détourne des distractions du présent siècle afin de retrouve son identité qui est tout à fait missionnaire.